그리하여
사람은 사랑에 이르다

"페르 아미카 실랜티아 루네(per amica silentia lunae)"는
로마의 시인 베르길리우스의 미완성 작품
아이네이스에 등장하는 라틴어 문장입니다.

아일랜드 시인 윌리엄 버틀러 예이츠는 1917년,
그의 나이 52세에,
자기 영혼의 역사를 기록하겠다는 신념으로
특이하고 몽환적인 분위기의 산문집 한 편을 완성합니다.
그리고 이 산문집을 'Per Amica Silentia Lunae'라는 제목으로 출간합니다.
이 라틴어 문장을 번역하면 '달의 친절한 침묵 속으로
(through the friendly silence of moon)'라고 표현할 수 있습니다.

페르아미카실렌티아루네는 줄여서 '페르아미카'로 부릅니다.
도서출판 페르아미카는 독자분들과 함께
기쁜 마음으로 불확실한 삶을 건디는
지혜를 나누고 싶습니다.

그리하여
사람은 사랑에 이르다

춤·명상·섹스를 통한 몸의 깨달음

박나은

페르
아미카
실렌티아
루네

차례

1부
섹시한 명상가···7

2부
몸과 영혼으로 돌아가는 길···73

3부
일상이 된 신비···169

1부
섹시한 명상가

섹시한 명상가

"남편 될 사람 직업이 뭐니?"
"명상하는 사람이에요."
"아, 영상 한다고?"
"아니요. 명상이요."

잠깐 정적이 흐른다. 그러고는 사려 깊은 걱정이 이어진다. "벌이는 좀 되니? 결혼생활에서 제일 중요한 게 경제적인 문제야. 생활력 없는 사람 만나면 나중에 그거 때문에 제일 많이 싸운다." '아 괜히 말했다. 스쳐 지나갈 사람에게 모든 걸 사실대로 말할 필요는 없었는데. 그냥 회사원이라 말할 걸.' 하지 않아도 될 변명을 늘어놓으며 후회했다. 명상하는 사람은 도대체 어떤 사람이길래? 매번 이런 질문을 받는 걸까. 내가 가진 이미지를 떠올려보았다. 인도에서 가져온 흰색 도복을 입거나 천연 염색한 한복을 입고, 느릿느릿한 말투로 사람 좋은 미소를 짓는 도인 같은 아저씨. 요가 수련을 하는 건강하고 단아한 이미지의 젊은 여인. 방금 태국에서 돌아온 듯 검게 그을린 피부에 히피스러운 옷을 입은 깡마른 채식주의자. 이제껏 실제로 만났거나 매체를 통해 접한 '명상하는 사람'의 전형적인 이미지들이 떠올랐다. 각각 다른 모습을 하고 있을지라도 명상하는 사람이라면 왠지 돈과 명예, 물질적인 것에 집착하지 않고, 본능적인 욕구나 감정에 휘둘리지 않는 자유로운 영혼일 것만 같았다. 남편과 부부싸움을 할 때면 삐져 있는 남편을 향해 소리쳤다. "명상한다면서 왜 그래!"

자신을 치유하는 여정에서 나만의 명상을 발견하고, 명상의 본질을 알게 되면서 명상하는 사람에 대한 고정관념이 한 꺼풀 한 꺼풀 벗겨졌다. 명상이 깊어질수록 나의 감정과 욕구는 더욱 선명해졌다. 관념으로 억압해 두었던 감정과 욕구가 폭발하듯 터져 나왔고, 가면 뒤에 있는 나의 본모습을 숨기는 게 불가능해졌다. 어느 날 요가 수련을 하던 중, 몸의 감각에 온전히 집중하니 에너지가 깨어나 흐르기 시작했다. 갑자기 뱅글뱅글 도는 원형의 에너지가 양쪽의 턱관절을 사이에서 흘렀고, 턱 전체가 원형을 그리며 움직이기 시작했다. 입을 벌릴 때마다 딱딱 소리가 나는 증세가 있던 나는 뭔가가 잘못되지 않을까 두려움을 느꼈지만 에너지에 몸을 맡기고 움직임이 일어나는 것을 온전히 허용했다. 뱅글뱅글 돌아가는 턱에 봉인된 나의 업이 풀려나가고 있다는 것을 느낄 수 있었다. 수련이 끝나고, 겨우 울음을 삼키며 요가원을 빠져나와 건물 사이의 좁은 골목으로 갔다. 마침 비가 내리고 있었다. 거칠게 쏟아지는 빗소리에 짐승 같은 울음소리가 묻혔다. 요가를 할 때, 춤 명상을 하며 뱅글뱅글 돌 때, 애인과 뜨거운 섹스를 할 때마다 에너지가 깨어났고, 깨어난 에너지는 온몸을 관통하며 몸 안에 쌓여 있던 감정들을 끄집어냈다. 강렬한 에너지가 깨어난 자리에 나를 판단하고 통제하는 생각이 들어설 공간은 없었다. 나는 느껴져야 했지만 느껴지지 못하고 억압해 둔 감정들을 온전히 느껴주었다. 증오심, 분노, 슬픔. 착한 아이가 되기 위해 참았던 모든 것들을 온전히 느끼고 눈물로 통곡으로 흘려 보냈다. 때로는 섹스 직후에 미친 듯이 웃음이 터져 나왔고, 배가 아플 정도로 계속 웃은 적도 있다. 세상에 태어나 그렇게 웃어 본 적은 없었다. 살면서 웃음을 참아야 하는 상황이 얼마나 많은가? 실없어 보일까 봐 혼날까 봐 삼켰던 웃음이 터져 나왔다. 그 과정은 영혼이 자신의 전령인 에너지를 통해 이루어 낸 대청소 작업이었다. 케케묵은 감정들을 마주하고 가면이 벗겨지자 진정한 영혼의 모양이 드러났다. 어느 순간 전에 없던 평온함이 찾아왔다. 더 이상 화가 나거나 슬프지 않게 되었다는 얘기가 아니다. 감정을 회피하거나 억압하지 않고 있는 그대로 느낄 수 있게 되었고, 모든 것을 있는 그대로 느껴주고 인정해 주었을 때 감정은 편안하게 흘러갔다. 이젠 더 이상 내 것이 아닌 것 때문에 흔들리지 않았다. 내 것이 무엇인지가 분명해졌기 때문이다. 영혼은 솔직하게 자신이 좋아하는 것엔 Yes를, 좋아하지 않는 것엔 No라는 메시지를 보냈고, 몸에 전해지는 느낌으로 무엇이 내게 옳은 것인지 명확하게 알 수 있었다. 지루한 탁상공론의 자리에 있거나, 꽉 막힌 생각을 하는 사람과 대화할 때면 엉덩이가 들썩들썩했고, 온몸이 배배 꼬였다. 모든 학생이 조는 수학 시간에도 혼자서 손을 들고 대답할 정도로 모범생이던 내가 가졌던 미덕인 참을성이 온데간데

없이 사라졌다. 다시 찾은 영혼은 발칙하고 화려한 것들에 반응했다. 예전에 좋아한다고 생각했던 수수하고 자연스러운 옷, 어딘지 오래되어 보이는 옷들을 전부 버리고 싶어졌다. 나는 자연주의를 추구하는 사람이라 생각했는데, 영혼은 관능적이고 시크한 분위기를 풍기는 빨간 립스틱에 하이힐을 신은 프랑스 여자를 좋아했다. 20대 초반에 독립영화관을 찾아다니며 봤던 진지하고 관념적인 영화들이 싫어졌고, 유머 있는 로맨틱 코미디가 좋아졌다. 나는 수수하지만, 정감 가는 들국화 같은 존재라고 생각했고, 남들도 나를 그렇게만 봤다. 그러나 나의 영혼은 내가 주목받고 뽐내길 좋아하는 화려한 장미라고 말했다. '나는 그리 예쁘지 않고 대단하지도 않아. 나 같은 여자가 저런 옷을 입고 남들 앞에 나설 순 없어.' 장미 같은 여인을 동경했지만 그렇게 될 수 있다고는 생각하지 못했다. 진정한 영혼의 모습이 드러나자, 그동안 수수한 옷차림을 하고 검손한 태도를 보이며 자신에 대한 수치심을 자유로움과 순수함으로 열심히 포장해 왔다는 것을 알게 되었다. 영혼은 빛나는 무대 조명 아래에서 춤을 추고 싶어 했다. 그리고 그 꿈을 인정하는 순간 꿈이 현실이 되었다. 나는 무대에서 춤을 췄고, 주연으로 연극무대에 올랐다. 눈이 부실 정도로 강하게 빛나는 하얀 조명 아래서 불가능하다고 생각하고 한계 지었던 모든 것들이 허물어지는 걸 지켜봤다. 이 모든 것을 경험하며 명상은 진정한 영혼의 모양을 알아가는 과정이란 것을 알게 되었다. 세상이 만들어준 틀에 나를 맞추는 것이 아니라 내 영혼의 모양을 알아내고 그 모양에 맞게 세상을 창조하는 게 삶이다. 생김새가 같은 사람이 한 명도 없듯 영혼의 모양도 다 다르다. 영혼의 수 만큼이나 다양한 영혼의 모양이 존재하고 그 표현 또한 그만큼 다양하다. 다시 처음의 질문으로 돌아간다. '명상하는 사람은 도대체 어떤 사람이길래?' 명상하는 사람은 고유한 영혼의 모양대로 살아가는 사람이다. 어떤 명상가는 말이 많고 어떤 명상가는 침묵한다. 어떤 명상가는 검소하게 살아가고 어떤 명상가는 외제 차를 모으고 명품을 두른다. 어떤 명상가는 흰색을 좋아하고 어떤 명상가는 빨간색을 좋아한다. ~한 명상가. 명상가 앞에 붙을 수 있는 형용사는 무한하다. 나는 '섹시한 명상가'라고 불리고 싶다. '섹시한'이라는 형용사와 '명상가'라는 언어가 만났을 때 주는 이질감이 내가 알게 된 명상의 본질을 재미있게 보여주는 것 같다. 명상의 모양도 영혼의 모양만큼이나 다양하다. 나는 명상 춤, 에너지 섹스를 통한 오르가슴과 같이 몸에서 경험되는 느낌을 통해 에너지를 일깨우고 내 안의 본질 혹은 우주와 연결되는 명상을 하는 여자다. 나는 섬세한 레이스가 달린 빨간 속옷을 좋아하고 관능적인 라틴 음악에 맞추어 스텝을 밟는 걸 좋아한다. 나는 유혹하는 것을 즐기고, 붉게 달아오르는 시간을 사랑한다.

나는 섹시한 명상가다.

9월 6일,
'당신이 좋아요.
 당신을 만나고 싶어요.'

9월이었지만 추운 겨울이었던 것처럼 기억될 정도로 뼈저리게 외롭고 쓸쓸했다.

할 일 없이 정독 도서관에 가서 책 몇 권을 들춰보다 나와 도서관 앞 벤치에 털썩 주저앉았다. 온몸에 힘이 빠졌다. 세상에 혼자 남겨진 듯한 익숙한 감각이 견딜 수 없이 느껴졌다.

띠리리- 그런 나를 구원하듯 문자 한 통이 왔다. '오늘 저녁에 안국빌딩에서 예술가들이 모여 춤추고 그림 그리는 즉흥잼을 한다는데 시간 있으면 한번 가봐.' 북촌 골목 깊이 숨겨져 있는 카페 '소설'의 주인 언니가 보낸 문자였다. '나는 예술가도 아닌데 괜히 그런데 가서 부끄럽기만 할 건데.' 부정적인 생각이 먼저 들었지만 최근에 알게 된 사람 중에 제일 멋지다고 느낀 사람의 제안을 거절하기도 싫었다. 두려움 반 호기심 반으로 들어선 곳은 색다른 공기로 가득 차 있었다. 큰 유리창이 있는 넓은 공간에 자유롭고 개성이 강해 보이는 사람들이 모여 이야기를 나누고 있었다. 나처럼 이곳이 처음인 중년 여성 한 분이 동지를 알아보고 다가와 말을 걸어왔다. 어색함을 풀기 위해 이런저런 얘기를 나누던 중, 한 남자가 공간으로 걸어 들어왔다. 그가 눈앞에 나타난 순간 초점이 그에게로 집중되고 나머지는 흐릿한 배경이 되었다. 그는 머리에 두건을 쓰고 자연스러운 소재의 통바지를 입고 있었다. 환한 미소를 지으며 당당하게 걸어 들어오는 그는 고귀한 사람처럼 빛이 났다. 와야 할 사람들이 모두 모이자 하얀 옷을 입은 다부진 체격의 그 남자가 공간 중앙으로 걸어 나와 즉흥잼의 가이드를 시작했다. 나는 즉흥잼이 뭔지도 모르고 어떤 춤을 춰야 할지도 몰랐지만, 그저 가이드에 따라 천천히 몸을 움직였다. 연주자들이 즉흥음악을 연주했고, 사람들은 하나 둘 만나서 서로의 몸을 맞대고 움직였다. 손과 손이, 등과 등이, 머리와 어깨가 만나기도 했다. 형식도 제한도 없이 서로의 몸과 몸이 만나 만들어지는 자연스러운 움직임이 춤이 되었다. 이 춤이 '컨택즉흥'이란 건 나중에 알게 되었다.

혼자서 몸을 움직이던 나도 누군가를 만났고, 난생 처음 만나는 이와 접촉을 하며 춤을 추기 시작했다. 한 번도 본 적 없는 이와 몸이 닿는 느낌은 분명 낯설었지만, 놀라울 정도로 따뜻했다. 이 사람의 느낌과 저 사람의 느낌은 완전히 달랐다. 그렇게 춤판에 빠져들어 춤을 추던 나는 한 무리의 사람들 사이로 휩쓸려 들어갔다. 여러 명이 뒤엉켜 흐느적거리던 가운데 나는 누군가에게 떠밀려 어떤 이의 몸 위로 넘어졌다. 미안하다고 할 새도 없이 그는 자신의 리듬대로 나를 리드했고, 나는 눈을 감고 그에게 몸을 맡겼다. 나의 머리는 이미 새하얘져 있었고, 눈을 감은 채 느껴지는 감각에 의지해 몸을 움직일 뿐이었다. 나도 모르게 나는 빙빙 돌고 있었고, 그와 꺼안은 채로 바닥을 뒹굴고 있었다. 그는 내가 빠져나가려 할 때마다 나를 꼭 붙들었다. 몸 안에서 뜨거운 피가 끓는 것 같았고 온몸에 찌르르 전기가 흘렀다. '전기가 통한다'라는 말이 상투적인 말이 아닌 실존하는 감각에 대한 정확한 묘사라는 것을 처음으로 알게 되었다. 격렬한 전투 같은 움직임 끝에 그의 무거운 몸이 나를 덮었고, 우리는 그 상태로 계속 머물렀다.

'이 사람을 사랑해야겠어. 이 사람이라면 나를 끝까지 붙잡아줄 거야.'

그에게 깔린 채로 그의 온기와 냄새, 무게를 느끼며 결심했다.

그와의 춤이 끝나고 아까 얘기를 나눴던 아주머니 옆으로 가 앉았다. "살림 차리는 줄 알았어." 그 말이 예언인 줄 어찌 알았겠는가?

잼이 끝나고 모두가 둥글게 둘러앉아 자기소개를 하고 소감을 나눴다. 사람들이 하나 둘 공간을 떠날 때, 그가 내게 다가왔다. 나를 꼭 껴안아 주며 "다음에 또 봐요."라고 말하고 돌아서는 그의 뒷모습을 하염없이 바라봤다. 뒤풀이가 있는 모양이었지만 따라갈 용기는 없었다. 그를 보내고 집으로 돌아가는 길, 가슴에서 뜨거운 것이 솟아올랐다. '이대로 놓쳐서는 안 돼.' 그가 자기 소개할 때 말했던 이름이 떠올랐다. 바로 페이스북에 그 이름을 검색했고 다행히 그를 찾을 수 있었다. 그의 사진, 그의 이야기. 모든 것이 나를 매료시켰다.

메신저에 지금의 내 마음을 있는 그대로 적어 내려갔다.

'당신이 좋아요. 당신을 만나고 싶어요.'

신비는 없다

첫 만남에 단도직입적인 고백을 하고 난 뒤에도 나는 물러설 줄을 몰랐다. 마침 연극 표가 두 장 생겨 연극을 함께 보러 가자며 데이트 신청을 했다. 하지만 2주 뒤에 잡힌 약속을 기다리다간 그를 만나기 전에 내가 불타버릴 것만 같았다. "안 되겠어요. 그냥 우리 빨리 만나요." "그래요. 그러면 내일 만나요." 재고 튕기지 않는 건 그도 마찬가지였다. 우리는 함께 야트막한 산을 오르며 대화를 나눴다. 늘 혼자였던 시절, 눈앞에 보이지 않는 사람을 상상으로 그리며 입속말로 했던 말들이 드디어 갈 곳을 찾았다. 누구에게도 이해 받기 어렵다고 생각해 숨겨둔 비밀들이 그에게는 당연하게 받아들여졌다. "저는 춤을 추면 저절로 회전이 일어나요."

"저도 그런 현상이 나타났어요. 한때는 저도 그게 이상한 건 줄 알았어요. 살풀이하는 사람에게 물어도 귀신에 씐 거라더라고요. 근데 이제는 알아요. 우리가 하는 게 진짜 춤이에요. 원시시대로 돌아가 보면 알 수 있어요. 처음에 춤을 춘 사람이 춤을 배웠을까요? 그는 자기의 내부에서 저절로 일어나는 춤을 췄을 거예요. 그리고 사람들은 그게 멋있다고 여겨서 그 동작을 배우고 따라 하기 시작했겠죠. 진짜 살풀이는 배울 필요가 없어요. 동작 하나하나를 외우고 배워서 하는 게 아니에요." 내 안의 모든 질문은 답을 찾았고, 우리는 둘만의 언어로 밤새워 이야기를 할 수 있었다.

그와 함께 찾아온 춤과 명상의 세계는 완전히 새로운
감각을 열어주었다. 세상이 한 꺼풀 한 꺼풀 벗겨져 더
선명하고 다채로워 보이기 시작했다. "눈을 감고 가만히
앉아 몸이 커진다는 느낌만 가져봐요. 정수리에서 찌릿찌릿
에너지가 통할 거에요." 그가 뭔가를 가르쳐주면 나는 바로
그것을 체험할 수 있었다. 그는 자신이 스스로 발견해낸
춤과 명상의 길이 옳은 지 확인해줄 사람이 필요했다. 그게
나였다. 나는 그가 걸었던 길을 걸어가며 그가 겪었던 것이
단지 그에게만 일어나는 현상이 아님을 증명했다. 나는
매일 아침 공원에 가서 에너지를 느끼며 춤을 추었다. 매
순간 몸에게 물었다. "넌 어디로 가고 싶니?" 몸의 길을
따라 에너지가 자유롭게 움직일 수 있도록 하기 위해서는
나를 비워야 했다. 내가 추는 것이 아니라 몸이 추는 것이다.
그렇다고 자신이 사라지고 다른 영에 의해 움직이는 무당의
춤이 아니다. 나는 분명히 여기에 있다. 그 모든 움직임을
온전히 깨어 지켜보는 내가 있다. 몸에서 일어나는
모든 감각에 집중하고 깨어 있는 내가 있을 때 에너지가
흐르고 춤이 나타났다. 이미 존재하지만 느낄 수 없던
에너지가 '지켜봄'을 통해서 깨어난 것이다. 누가 시키지도
않았지만 나는 매일 아침 공원으로 향했다. 사람들의
시선은 상관없었다. 나는 누가 뭐래도 이 춤을 춰야 했다.
매일매일 수련을 하는 동안 사람들이 신비체험이라
부르는 현상들이 나타났다. 어느 날 세상의 모든 빨간색이

나에게로 달려오는 듯한 현상이 일어났다. 세상에 이렇게 빨간색이 많았나 싶게 세상에 있는 모든 빨간색이 나에게 말을 걸어왔다. 저 멀리에서 걸어오는 아줌마의 운동화에 그어진 작은 빨간 선조차 눈길을 사로잡았다. 빨간 입술, 빨간 꽃, 간판의 빨간 글씨, 빨간색 작은 쓰레기 조각까지도 자신이 여기에 있다고 소리치는 듯했다. "계속 빨간색만 보여요." 놀라서 그에게 전화를 걸었다. "축하해. 에너지가 깨어난 거야. 이제 넌 하루 종일 움직여도 힘이 넘칠 거야. 내가 빨간색이 보일 때 그랬어." 나중에 우연히 요가책을 보다가 쿤달리니가 깨어나면 빨간색이 보이기 시작한다는 것을 읽었다. 우리가 걷는 명상의 길은 느낌의 길이었다. 지식을 먼저 접하고 그걸 경험하려 애썼다면 얻을 수 없었던 순수한 느낌이 우리를 새로운 경험으로 이끌었다.

어느 날은 공원의 운동장을 둘러싸고 있는 나무들이 반짝반짝 흰빛을 내뿜으며 온 존재로 내게 말을 거는 듯했다. 춤을 추고 숨을 고르며 아주 천천히 걷고 있을 때였다. 세상이 이렇게 아름다워 보였던 적이 있었던가? 과연 이게 내가 알던 세상이 맞을까? 나는 지금, 이 순간 생생하게 살아있는 신비로 넘치는 세상의 본모습을 보고 있었다. 그것은 에너지와 합일되어 춤을 추며 온전히 순간에 머물렀기 때문에 얻을 수 있는 선물이었다. 생각은 모든 것을 익숙함의 필터로 바라보지만, 끊임없이 흐르며 변화하는 몸에겐 모든 것이 새로움이다. 생각은 과거와

미래를 오가며 분주하지만 내 몸과 그 안에서 흐르는
에너지는 오로지 지금, 이 순간 살아 숨 쉬며 영원 속에
한 번 뿐일 춤을 추고 있다. 명상 춤을 추며 신비로운
경험을 하면서 느낀 것은 역설적이었다. '신비는 없다.
신비체험은 없다.' 어느 순간 삶의 곳곳에서 일어나는
신비로운 일들이 일상적으로 되었다. 그것은 기이하고
놀라운 일이 아니었다. 본래 삶은 신비로운 것이었다.
단지 우리가 생각에 빠진 채 감각을 닫고 있었기에 볼 수
없었을 뿐이었다. 내가 감각을 열고 이 순간에 존재하는
법을 기억하게 되자 원래 있던 세상이 모습을 드러냈다.
어린 시절 학교에 다니며 평범하게 사는 게 너무 지루했던
나는 해리포터에 나오는 호그와트에서 초대장이 오기를
간절히 기다렸다. 내게는 세상을 재밌게 바꾸어 줄 마법이
필요했다. 초대장을 받진 못했지만, 나의 간절한 소망은
이루어졌다. 나는 내 안에서 마법을 발견했다. 그러자
지루한 세상은 신비롭고 놀라운 풍경과 환상적인 감각들로
가득한 놀이동산처럼 변했다. 신비는 일상이다. 바로 당신
발 밑에 숨을 쉬고 있는 진짜 삶을 깨우는 주문은 단 하나다.
'지금, 이 순간에 깨어서 느끼라!'

섹스 명상

밤이 되면 그의 오른 겨드랑이 아래로 파고든다. 그 자리가 내 자리가 된 지 6년이 넘었다. 그는 반사적으로 몸을 돌려 나를 감싸 안는다. 나는 솜털을 건드린다는 기분으로 닿을 듯 말 듯 하게 그의 살갗과 허공 사이의 공간을 쓰다듬는다. 머리에서 어깨를 타고 내려와 여성적인 곡선이 아름다운 허리를 쓸어 내리고, 그 아래에 굵고 탄탄한 허벅지와 어느새 힘이 들어가 있는 뜨거운 곳까지 탐험하다 보면 그의 입에서 신음이 새어 나온다. 부드러운 터치를 이어 나가다 그를 자극할 수 있는 포인트에서는 손으로 직접 살갗을 건드린다. 포인트를 잘 찾아냈을 때, 그의 몸은 전기에 감전된 듯 부르르 떨리거나 물 밖에 나온 물고기처럼 팔딱팔딱 뛴다. "여보 연기하는 거 아냐?" "이걸 어떻게 연기해." 행복감에 젖은 나른한 목소리가 들려온다. 그러다 어느 순간 그의 손이 나를 끌어당기고 달아오를 준비가 되어있는 나를 건드리면 '딸깍'하고 섹스모드가 켜진다. 이제부턴 그의 차례다. 나는 빨가벗겨지고 구석구석 파헤쳐지고 완전히 함락당할 것이다. 머리를 내려놓고 모든 것을 내맡기면 만사가 저절로 이루어진다. 나는 '온전한 받아들임' '내려놓음' '내맡김' 명상 책에서 말하는 어려운 관념을 섹스를 통해 몸으로 깨달았다. 경험을 통해 머리로 상황을 통제하거나 내 마음대로 하려는 마음을 가질 때, 사사로운 잡념에 사로잡혀 있을 때는 섹스에 온전히 몰입할 수 없고 제대로 느낄 수가 없다는 것을 알게 되었다. '지난번에 이 자세는 별로였는데.' 라거나 '거실에 시어머니가 나오면 어쩌지'라는 식의 생각이 개입하는 순간 그날의 섹스는 망했다고 보면 된다. 완전히 달구어진 팬처럼 뜨겁게 달아오르고 흥분한 상태에서 단 하나의 생각이 들어올 틈도 없이 서로를 느끼고 야성적인 감각 그 자체에만 몰입할 때 진정한 섹스가 이루어지고 진정한 오르가슴에 도달할 수 있다.

내가 처음으로 극치의 오르가슴에 도달한 것은 흔들의자 위에서였다. 지금의 남편과 정식으로 첫 데이트를 했던 날, 운길산 아래 한적한 강가에 있던 흔들의자 위에서 그의 무릎을 베고 누워있었다. 그는 그저 나의 머리를 쓰다듬었다. 난생 처음 받아보는 따스한 위로였다. '살아내느라 수고 했어.' 그 손길이 나의 마음을 어루만졌다. 그는 아이를 재우듯 끊임없이 머리를 쓰다듬었고, 나는 고요하고 편안한 느낌 속에 깊이 빠져들었다. 그러다 어느 순간 갑자기 나의 몸에서 강렬한 에너지가 깨어났다. 몸 안에 용이 깨어나 척추를 관통해 강렬하게 몸부림치는 듯했고 나는 그의 품 안에서 몸을 배배 꼬며 엄청난 희열에 도달했다. 지금 생각해 보니 어떤 의심도 두려움도 없이 온전히 이완된 상태에서 나를 내맡겼기 때문에 경험할 수 있었던 신비한 일이다.

그날 밤 우리는 절상봉에 텐트를 치고 첫 섹스를 했다.
내가 그의 옆에 눕는 것이, 그가 내게 들어오는 것이
너무 자연스러운 일처럼 느껴졌다. 처음에 나는 다리를
벌리는 것조차 어색하고 두려웠다. 그는 그런 나를 아주
조심스럽게 애무하고 끊임없이 괜찮냐고 물어봐 주며 내
안에서 움직였고, 나는 처음으로 섹스가 아름답고 즐거운
감각으로 가득 찬 세계라는 것을 알게 되었다. 산짐승
소리가 들려왔지만 무섭지 않았다. 비가 내렸고 맨발을
텐트 밖으로 내밀어 비를 맞았다. 다음날 잠에서 깨니
텐트 바닥이 비로 흥건하게 젖어 있었다. 우리는 내려가는
길에 있는 정자에서 따스한 햇볕을 받으며 몸을 말렸다.
그는 내 다리를 벌려 나의 구멍에 따뜻한 햇살이 닿을 수
있게 해주었다. 아주 오랫동안 수치스럽게 생각했던 곳.
쳐다봐서도 만져서도 안 되는, 기쁨이 죄악시되었던 내
몸의 일부가 빛으로 물들었다.

    우리는 만날 때마다 섹스를 했다. 그가 나를 만질
때마다 나의 감각은 새롭게 깨어났고, 그가 구멍에 들어올
때마다 내 가슴의 구멍이 파헤쳐지고 그 밑에 깔려 있던
시커먼 물이 퍼 올려졌다. 나는 그의 품에서 꺼먼 눈물을
흘리고 또 흘렸다. 섹스를 하며 깨어난 광대한 에너지는
격렬하게 움직이며 내 몸 구석구석에 묻어둔 상처와 아픔을
다 쓸어버리려는 듯했다. "그때 왜 날 때렸어! 나 너무
아팠단 말이야!" 과거에 하지 못했던 말이 튀어나왔고

그의 가슴은 내 눈물로 젖었다. 격렬한 섹스가 끝나고
그가 몸 밖으로 나간 후에도 우리는 에너지로 연결되어
있었다. 나의 호흡과 그의 호흡이 하나가 되었다. 나의
숨이 길어지면 그의 숨이 길어졌고, 내가 깊은 숨을 내쉴
때 그도 함께 내쉬었다. 그가 나를 꼭 껴안으면 잠깐 멈춘
듯한 에너지가 다시 꿈틀꿈틀 움직였고 나는 두 번이고
세 번이고 오르가슴을 느꼈다. 어떤 느낌이 느껴지던
두려워하며 피하려 하지 않았고 온전히 에너지가 움직이고
가야 할 곳으로 흐를 수 있도록 허용했다. 격렬한 에너지가
나를 휘감을 때 이러다 죽으면 어쩌지? 라는 생각이 잠깐
들기도 했지만, 그의 품에서라면 두렵지 않았다. 나는 그를
믿었고 나를 믿었다. 내 안에 숨 쉬는 에너지가 나를 올바른
길로 데려갈 거란 것을 믿었다. 온전한 내맡김 속에서
치유가 일어났다. 감정적인 찌꺼기들이 정화되었을 뿐만
아니라 신체적인 통증도 사라졌다. 만성적인 소화불량과
답답한 가슴으로 힘들었던 시절 섹스를 할 때마다 가슴에서
에너지가 빙빙 돌다 목과 입을 통해 움직였고, 꺽 꺽
트림 소리와 함께 탁한 기운을 토해내게 했다. 그런 뒤엔
가슴이 뻥 뚫린 듯 시원해 졌고 깊은 호흡을 할 수 있었다.
거울을 보면 혈색이 좋아지고 얼굴이 맑고 깨끗했다.
어떤 날은 섹스가 끝나고 박장대소가 터졌다. 살아오면서
참았던 웃음. 혼날까 봐 실없어 보일까 봐 참았던 웃음을
다 웃어버리겠다는 듯 온몸으로 웃고 나서 엄청난

카타르시스를 느꼈다. 살아있다는 것은 기쁜 일이었다.

나에게 섹스는 치유이자 깨달음을 주는 명상이다. 누구도 내게 이런 얘기를 해주지 않았다. 엄마는 그런 걸 밝히면 안 된다고 말했고 어른들 누구도 섹스에 대해 말하지 않았다. 우리는 어린 시절부터 무성의 존재로 위장하는 법을 철저하게 학습한다. 나는 섹스가 너무 궁금했지만 한편으로 그런 자신에 대한 죄책감을 느꼈다. 길티 플레저를 느끼며 찾아본 영화나 성인물에서 그려지는 섹스는 욕망의 분출로 보였고 때로는 폭력적이고 추잡해 보였다. 그와 만나기 전까지 내가 했던 섹스도 그리 좋지는 않았다. 외로워서 몸을 섞고 난 뒤에는 공허함만이 남았고 배려와 사랑이 없는 섹스는 상처만 남길 뿐이었다. 그를 만나고 섹스가 아름답고 신성한 춤이라는 것을 알게 되었다. 고대 인도에서 섹스를 통해 깨달음을 추구했던 요기들이 있다는 말을 들은 적이 있다. 어쩌면 우리도 그 피를 이어받은 게 아닐까 싶다. 누군가는 신을 만나기 위해 기도를 하고 나는 신을 만나기 위해 섹스를 한다. 섹스는 성스럽다. 그 누구도 말해주지 않은 진실을 나는 내 몸을 통해 깨달았다. 내 안에 잠들어 있던 신이 깨어나 춤을 추며 나를 근원인 우주로 데려간다. 고요하고 맑은 순수한 기쁨의 상태, 환희와 지복의 상태에서 존재가 말한다. '살아있길 잘 했어. 살아있다는 건 참 아름다운 일이야.'

세상에 존재하는 모든 여성의 몸 안에 신이 잠들어 있다. 신을 깨우고 춤추게 하라. 삶이 깨어나고 춤출 것이다.

컨택 Contact

두 사람의 손등이 맞닿는다. 그리고 팔꿈치, 어깨를 지나 두 사람의 등이 하나가 된다. 똑같은 힘으로 서로의 등을 밀며 그들 사이에 존재하는 팽팽한 힘을 느낀다. 그 힘은 또 그들을 예상치 못한 움직임으로 이끈다. 등을 맞대고 아주 천천히 바닥에 앉아 한참을 머물거나 한 사람이 튕겨 나가 다른 이와 춤을 추러 갈 수도 있다. 그야말로 즉흥의 장이 펼쳐진다. 컨택 즉흥contact improvisation은 이름에 나타나는 그대로 사람과 사람 사이의 접촉을 기반으로 저절로 일어나는 즉흥적인 움직임을 통해 추는 춤을 말한다. 우연히 초대된 자리에서 처음으로 만난 컨택즉흥은 한 번도 경험해 본 적 없는 소통 방식이었다. 사람들은 몸을 통해 서로를 탐색하고 말없이 이야기를 나눈다. 언어가 사라진 곳에서 온전히 몸과 몸이 만날 때 느껴지는 감각들은 상상 이상으로 강렬하고 아름다웠고, 때때로 눈물이 날 만큼 감동적이었다. 컨택즉흥의 장에서 그를 만났고 그와 몸을 섞으며 그를 사랑하게 될 것을 직감했다. 온몸에 퍼지는 흥분과 피부 안쪽까지 전해지는 온기는 머리로는 속일 수 없는 진실이었다. 머리로 판단하고 따졌다면 이 사랑을 시작할 수 없었을 것이다. 온전히 몸으로 만났을 때 느껴지는 솔직한 몸의 메시지가 있었기에 아무 망설임 없이 사랑에 뛰어들 수 있었다.

    그는 오랫동안 외국인들과 함께하는 컨택즉흥잼을 이끄는 리더였다. 그와 함께하며 나도 자연스럽게 컨택즉흥의 세계에 깊이 빠져들게 되었다. 컨택즉흥을 할 때는 내가 동물이 되는 기분이 들었다. "Shall we dance?"라는 말은 필요 없었다. 눈빛으로 때로는 조심스러운 터치로 서로의 동의를 구할 수 있었다. 때로는 어떤 신호도 없이 그저 자유롭게 춤을 추다 우발적인 만남이 일어나기도 했다. 그렇게 만나게 된 사람들은 모두 다른 느낌을 지니고 있었다. 어떤 이는 딱딱했고 어떤 이는 부드럽고 유연했다. 어떤 이와의 춤은 물 흐르는 듯 자연스럽게 흘러갔고, 어떤 이와는 툭툭 끊기며 끊임없이 불편한 느낌과 감정이 올라왔다. 아무리 애써도 숨길 수 없는 것들이 있었다. 숨소리, 심장박동, 떨림, 눈빛, 살의 온도, 두 사람 사이에 흐르는 에너지… 매력적인 상대를 만났을 때는 그 사람과 나 사이에 관능적인 에너지가 팽팽하게 흐르는 걸 느낄 수 있었다. 그런 상대가 항상 이성이었던 것만은 아니다. 여자이든 남자이든 잘 맞는 상대를 만나게 될 때의 쾌감은 엄청났다. 그런 사람을 만나게 되면 서로의 몸은 환희로 가득 찼고, 단 한 번 뿐일지 모를 이 순간을 영원처럼 간직하려는 듯 쉼 없이 서로를 느끼며 온전히 춤에 몰입했다. 내 안의 에너지에 몰입할 때 저절로 춤이 일어났듯 함께 춤을 추며 서로에게 몰입하면 상상할 수 없는 동작들이 저절로 나타났다. 몸치라 생각했던 내가 누군가의 어깨 위에서 회전하기도 했고, 상대와 손을 잡고 전속력으로 춤판을 달리기도 했다.

때로는 그저 눈을 바라보거나 그저 가만히 안고서 한참을 머물렀다. '너도 여기에 살아있었구나.' 누구에게나 삶은 쉽지 않았을 것이다. 사람들은 서로의 존재를 확인하며 말하지 않아도 느낄 수 있는 위로를 나누었다.

'아주 오랫동안 기다려왔던 만남이었어요.' 컨택잼에서 만난 한 여인은 이렇게 말했다. 컨택을 하며 나 역시 평생 이런 만남을 그리워해 왔다는 걸 깨달았다.

학교에서 사회에서 배운 기술은 '없는 척'이었다. 몸이 없는 척 졸음을 참고 화장실을 참고, 성이 없는 척 무심한 표정으로 달아오른 몸을 가리고, 감정이 없는 척 웃음과 울음을 삼켰다. 이성적이며 절제력이 강한 사회인이 되기 위해서는 생명력과 야성을 잘라내야 했다. 거세된 생명력과 야성은 우리를 사물에 가까운 존재로 만들었다. 우리는 가장 진실한 것들은 저 아래에 숨겨둔 채 그럴듯한 표정과 말들로 몸이 없는 관계들을 맺어왔다. 그런데 컨택을 하며 처음으로 벌거벗은 몸으로 사람들을 만났다. 나는 알게 되었다. 몸이 있고 숨을 쉬고 생명력과 성 에너지가 흐르는 살아있는 존재가 우리였다. 눈물과 웃음이 넘쳐흐르고 따뜻한 것에 녹아 내리는 영혼이 담긴 몸이 우리였다.

전혀 다른 모습으로 분리 되어있는 것처럼 보이지만, 사실은 하나의 그림에서 떨어져 나온 퍼즐 조각처럼 연결되고 하나가 되기를 기다려왔던 존재가 우리였다.

최고의 성인 性人

요즘 역기를 드는 남편의 손에는 거칠거칠한 굳은살이 박였다. 아기를 씻기고 옷을 입지 않으려고 떼를 쓰는 아기의 시선을 딴 데로 돌리려 남편은 아기에게 "아빠 살은 거칠거칠해. 만져봐."라며 장난을 걸었다. 그러던 중 어쩌다 남편이 굳은살 박인 손으로 나의 팔을 쓰다듬는데 갑자기 찌릿하며 전기가 왔다. 이상한 반응을 보이는 내가 재밌다는 듯 남편은 계속 굳은살을 내 팔에 스쳤고, 그때마다 나는 움찔움찔하지 않을 수 없었다. "너한텐 내 모든 게 성적인 거야?" "그래. 성인. 모든 게 성적인 사람. 성 그 자체."

처음 만난 날부터 결혼해서 아이를 낳게 된 지금까지. 7년이 흐르는 동안 변하지 않은 게 그거였다. 그는 언제나 나에게 성적인 흥분을 일으키는 최고의 섹스파트너라는 것이다.

그를 만난 뒤 내 몸에는 하루에도 여러 번 뜨거운 꽃이 피었다. 그는 나와 데이트하는 내내 내 몸을 만졌다. 사람들이 많은 곳이나 버스 안에서도 그는 은밀하게 나의 연약한 부위를 찾아내 자극했다. 무릎 위에 올려진 외투 안에서 벌어지는 야한 짓은 더 큰 흥분을 불러일으켰다. 빨개진 얼굴로 고개를 돌려 차창 밖만 바라보았지만 나는 소리 없이 비명을 지르고 있었다. 셰어하우스에 살던 시절, 그가 오기로 한 날이면 진수성찬을 차리고 샤워를 하고 가장 예쁜 옷을 입고 그를 기다렸다. 그는 소리도 없이 문을 열고 들어와 나를 놀라게 했고, 우리는 차려 둔 밥을 내버려 둔 채 침대 위에 눕곤 했다. 그 시절엔 시계가 고장 난 듯 시간이 빨리 갔다. 분명 점심에 만났는데 달콤하고 격정적인 시간을 보내고 난 뒤 잠깐 눈을 붙였다 떼면 창밖은 깜깜한 밤이 되어 있었고, 그는 막차를 놓치지 않으려 뛰어야 했다. 하도 많이 느끼다 보니 나는 그와 떨어져 있을 때조차 그의 손길이 떠올랐고 길을 걷다 가도 오르가슴을 느꼈다. 어떤 날은 뒤로 묶은 머리카락이 살짝살짝 목덜미를 스쳤을 뿐인 데도 머리끝까지 에너지가 찌잉-하게 울리며 오르가슴을 느껴버렸다. 그는 언제나 아주 섬세하게 나를 느끼며 성감대를 찾아내었고, 나의 에너지와 공명하며 내가 끝까지 느낄 수 있도록 끈을 놓치지 않았다. 그는 침대 위에서 가장 로맨틱하고 부드러운 맹수였다. 그는 '보지'와 '자지'라는 말을 아무렇지 않게 했다. 세상에 태어나 그 말이 발화되는 것을 보는 것은 거의 처음이었다. 초등학교 때 장난꾸러기 남자애들이 키득거리며 장난칠 때나 들어본 그 말은 부끄럽고 이상해서 입에 담을 수 없는 말이었다. 그런데 그의 입에서 튀어나온 그 말은 야하지도 더럽지도 않았다. '보지'와 '자지'는 소설책에서 숨죽이며 읽어 내린 '음부'나 '페니스'라는 말보다 훨씬 단순하고 가볍고 사랑스럽게 느껴졌다. 그건 너와 내가 사랑을 나누며 지상에서 극락을 맛보게 해주는 소중한 몸의 일부를 부르는 이름일 뿐이었다. "내 자지를 네 보지에 넣고 싶어." "보지 젖었어?" "자지 만져줄까?" '보지'와 '자지'는 사랑의 대화에 꼭 필요한 단어였다. 우리는 아주 자연스럽게, 아이처럼 순수하고 솔직하게 보지와 자지의 대화를 나누었다.

그를 만나고 나서 한참 동안 그의 나이를 알 수 없었다. 그는 말하고 싶지 않아 했고, 나도 묻지 않았다. 한참이 지나서 알게 된 그의 나이는 믿을 수 없을 정도였지만 나는 아무렇지도 않았다. 그는 사람들이 자신의 나이를 아는 순간 나이 얘기만 하는 게 싫어서 얘기를 안 하게 되었다고 했다. 알기 전에는 그의 다양한 면들을 봐주지만 알고 나서는 나이에 대한 선입관으로 그를 대하는 경험을 수 없이 많이 했다고 했다. 하지만 나는 그의 나이를 알게 된 후에도 그가 똑같아 보였다. 그는 언제나 나에게 사랑스럽고 귀여운 섹스 하고 싶은 한 남자였다.

    아무 말하지 않는 이상 사람들은 우리를 당연히 연인이나 부부로 보았다. 그런데 어쩌다 지인들에게 그의 나이를 얘기할 때마다 그가 경험했던 선입관의 벽에 부딪히곤 했다. 우리나라에서는 일반적이지 않은 것에 대해서 무례한 말을 하는 것이 통용된다. 사람들은 나이 차가 크게 나는 커플의 연애나 결혼에 대해 아주 쉽게 입을 놀린다. '징그럽다. 범죄다. 몇 년만 지나면 병수발

해야 하는 거 아니야? 비정상적인 관계다. 돈 보고 만나는 거 아니야? 미래를 생각해서 네 살길 찾아. 네가 아까워.' 등등. 누군가의 사랑을 자신의 잣대로 판단하며 상처 주는 말을 아무렇지도 않게 내뱉는다. 처음엔 흔들리고 아파했지만 점점 그들의 말을 들을 필요가 없다는 걸 알게 되었다. 내 몸과 영혼이 간절히 찾아 헤매던 소울메이트는 그였다. 같이 밥을 먹을 수 있다는 사실만으로도 눈물 나게 행복해서 엉엉 울게 만드는 사람이 그였다. 함께 있으면 국밥을 먹어도 도심을 걸어도 오색찬란한 오로라 같은 구름이 공기 중에 흐르는 것 같았고, 9시간을 굶으며 수다를 떨어도 힘이 넘쳤다. 그는 나의 사람이다. 그런 확신은 모든 의심과 불신을 녹였고, 나의 몸과 마음은 매 순간 그를 향해 뛰었다. 함께 보낸 7년의 세월 동안 그를 나쁜 놈 취급하기도 했고, 혼자서 헤어졌다 만났다를 반복하기도 했지만, 우리를 이어주는 빨간 끈은 우리가 멀리 떨어져 있을 때도 우리를 꽉 묶어주었다. 그리고 지금의 나는 그때의 내가 한 선택에 온전히 만족하고 감사하고 있다. 결혼했지만 섹스를 즐기지 못하는 부부가 많다는 얘기를 쉽게 듣게 되는 요즘이다. 섹스는 건강하고 생기 넘치는 부부관계를 위해서도, 남편과 아내 각자 영혼의 각성을 위해서도 너무나 중요한 행위이다. 매번 섹스할 때마다 에너지가 깨어나 흐르고 정수리에서 꽃이 피는 경험을 하니, 나는 얼마나 운이 좋은 사람인가. 인류

역사를 통틀어 가장 많이 느낀 여자는 나일 거라는 확신이 있다.

남편이 나이가 많아서 그렇게 재밌는 걸 오래 못하면 어떡해요? 만약 누군가 그렇게 묻는다면 나는 당당하게 말할 수 있다. "나는 사람들이 평생 살면서 한 번도 느끼기 어려운 최상의 오르가슴을 수백 번 느껴봤어. 그걸로 충분해. 어젯밤에도 하다가 죽을 뻔했어. 근데 이 순간 죽어도 여한이 없다는 생각이 들었어. 이미 나는 세상에서 가장 큰 사랑과 기쁨을 느껴봤으니까 후회가 없어." 자랑이 너무 길었나? 하지만 좋은 데 갔다 오면 자랑하고 싶고 맛있는 걸 먹고 나면 자랑하고 싶지 않다. 인스타그램에 매일 올라오는 수많은 자랑을 보면서 내가 느낀 최고의 행복을 자랑하지 못해서 입이 근질근질했다. 최고로 좋은 곳으로 데려다 주고, 최고로 맛있는 걸 먹게 해주는 나의 사람. 최고의 성인에게 무한한 사랑과 감사를 전한다.

사랑의 마법

한동안 아무것도 쓸 수 없었다. 글쓰기를 결심하고 첫 몇 달 동안 노트북 앞에 앉으면 어디선가 문장들이 날아와 빈 종이 위를 채웠고 나는 애쓰지 않고 한 꼭지를 쓸 수 있었다. 그런데 어느 날부터 책상 앞에 앉으면 머리가 하얗게 되었고 용기 내 써본 한 줄조차 억지로 꾸며낸 쓸모없는 말들처럼 느껴졌다. 달갑지 않은 우울함과 불안이 스멀스멀 올라왔고 써야만 하는 데 쓸 수 없는 자신에 대해 분노가 차올랐다. 나의 꿈을 응원하는 사람들. 엄마와 남편은 나에게 이런 말을 했다. "네가 글을 쓰기 시작했기 때문에 글을 쓰는 게 힘든 감정도 겪는 거야. 네가 글을 쓰지 않았다면 이런 고통은 느끼지 않겠지만 너의 꿈은 영영 닿지 않는 곳에 있겠지. 지금 겪는 감정들은 네가 꿈의 길을 걷고 있기 때문에 누릴 수 있는 특권 같은 거야. 그러니 그 괴로움을 즐겨봐." 나를 위로하는 얘기들에 고개를 끄덕였지만 지금의 상태를 즐기는 건 불가능했다. 나는 가슴 한 켠에 풀리지 않는 글감들을 처박아 두고는 온종일 심통 난 아이처럼 굴었다.

"너 때문에 오늘 하루도 다 망쳤잖아!"
 어느 날 폭탄은 터져버렸다. 기분 좋게 가족들과 외출을 나와서는 갑자기 분노가 치밀어 올라 사람들이 있는 곳에서 남편에게 소리를 질렀다. 오늘도 글 한 자도 쓰지 못한 채 마트에서 장이나 보고 키즈놀이방에 아기를 데려가고 있는 나에게 질려버릴 것 같았다. 어떤 것도 내 의지대로 해내지 못하고 있는 자신이 바보같이 느껴졌고 그 분노를 남편에게 돌려버렸다. '모든 건 네가 나를 가만히 두지 않아서야! 라면서 말이다. '모든 걸 망쳐버린 건 나야.' 동화책을 읽어 달라는 아기 옆에 웅크리고 앉아 화가 난 남편의 얼굴을 자포자기의 심정으로 바라봤다. 이제 잘못한 아이에게 벌이 돌아올 시간이다. 그가 오랫동안 내게 말을 걸지 않거나, 나를 욕하거나 미워해도 어쩔 수 없다. 난 내 감정을 조절하지 못해 화를 냈으니 응당한 처벌을 받겠지. 어린 시절 화가 난 아빠가 온 집안을 뒤집고 나면 굿판이 끝날 때까지 어떻게든 그 시간을 건뎌내면 되었다. 집에 돌아가면 어떤 상황이 펼쳐질까? 냉전일까. 격렬한 전투일까. 어떤 상황이 벌어지든 건뎌낼 자신은 있었다. 아픔이 찾아올 걸 예감할 때마다 꺼내서 몸에 둘렀던 무감각이라는 무기를 불러냈다. 집으로 돌아오는 길에 졸려서 우는 아기를 젖 먹이며 나도 함께 잠이 들었다. 잠이 깨어 눈을 슬며시 떴는데 룸미러에 비친 그가 웃고 있었다. 잠결에 잘못 본 걸까? 황당한 행동을 하는 내가 그래도 귀여워서 웃어주는 건가? 물어볼 수 없었다. 나는 무표정한 얼굴과 차가운 말투로 장벽을 치고 전투를 기다리고 있을 뿐이었다. 우리는 식탁에 마주 앉았다. 갑옷을 입고 창과 방패를 쥐고서 상처 입기 전에 찌르자는 생각으로 험한 말을 내뱉는데, 갑자기 그가 전혀 예상하지 못했던 말을 했다. "너 나 사랑하는 거 다 보여. 네 얼굴에 쓰여 있어. 힘들어서 나한테 관심 받고 싶어서 그런 거 다 알아. 이때까진 너한테 화를 내면 네가 바뀔 줄 알았어. 그래서 화를 내고 설득해봤어. 하지만 넌 막무가내야. 그러면 끝까지 화만 내. 넌 어떻게도 안 돼. 네가 화났을 땐 내가 그냥 안아주고 뽀뽀해주고 사랑해줘야 해. 넌 오직 사랑 안에서만 있어야 해." 한순간에 나의 갑옷과 손에 든 창과 방패가 녹아 내렸다. 나는 벌거벗은 채로 눈물을 흘렸다. '그래. 나 정말 그러고 싶었어. 평생 사랑 안에서 있기 만을 바래 왔어. 내가 어떤 모습을 보였더라도 용서받고 다시 품에 안길 수 있기를. 언제나 사랑 안에 있기를. 네가 그래 주길 바랬어. 그리고 내가 나에게 그렇게 대했어야 했어.' 눈물을 흘리고 난 뒤 글을 쓸 수 없었던 이유를 느낄 수 있었다. 내가 완전무결하고 신성한 누군가가 되길 바랬고, 그런 상태의 내가 쓴 글만이 사람들에게 보여질 수 있다고 여겼다. 나도 모르는 사이에 자체 검열이 시작되었고, 때로는 피곤하고 몸과 마음이 약해지기도 하는 상태의 나는 이 완벽한 시나리오에서 편집되어야 하는 불청객처럼 느껴졌다. 있는 그대로의 내가 드러나는 것을 차단하자 내게 문장을 불러주던 영혼도 침묵했다. 더 이상 글쓰기는 즐겁지 않았다. 내 마음이 정한 완벽한 스토리가 떠오를 때까지는 아무것도 쓸 수 없을 것 같았다. 내가 가진 여러 가지 모습들. 명상과 요가를 하며 우주와 연결되는 영적인

나. 마음에 드는 옷을 찾으려 밤새 눈이 아프도록 인터넷을 뒤지는 나. 사람들의 이야기를 들어주며 위로를 전하는 나. 내 얘기만 하고 싶어서 안달이 나는 나. 아름답게 차려 입고 카페에 앉아서 글을 쓰는 나. 남편이랑 1차원적인 농담을 하며 킬킬대는 나. 얌전한 나. 야한 게 좋은 나. 이런 다양한 나의 모습 중에서 가장 고상하고 멋져 보이는 것만 골라서 보여주고 싶었다. 하지만 겨울 끝자락의 나는 골골거렸고 때때로 사소한 인간관계로 골머리를 앓기도 했다. 완벽한 나의 완벽한 이야기를 쓰길 바랬으니 그런 상태로는 어떤 글도 쓸 수 없는 게 당연했다. '넌 오직 사랑 안에서만 있어야 해.' 남편이 나의 불완전함을 사랑으로 안아준 순간 생각으론 해결할 수 없었던 답이 찾아왔다. 슬픔, 우울, 불안, 질투, 조급함, 유약함. 내가 인정할 수 없었던 나의 모습. 언제나 처벌받아왔던 나의 감정들도 사랑 안에서 안아주어야 한다. 남들에게 나의 편집된 모습을 보여주고 싶은 것은 어쩌면 당연한 일이다. 그러나 나 자신에게만은 그래서는 안 된다. 모든 모습을 사랑 안에서 안아주어야 한다. 그때 얼어붙은 마음은 녹아 내리고 영혼은 가야 할 길을 찾아 흐르게 된다. 하나의 감정을 차단하면 나머지 감정들 또한 차단된다. 영혼의 일부를 부정하면 영혼 전체가 모습을 감춘다. 내가 나의 모든 것을 있는 그대로 허용하고 사랑으로 안아줄 때 영혼이 춤추고 노래하기 시작한다. 전체인 나, 우주인 나가 드러난다. 내가 빈 종이

앞에서 해야 할 일은 그것이었다.

그날 밤 다시 노트북 앞에 앉아 글을 썼다. 조금 이상하지만 내가 사랑하는 것들에 관해. 그리고 제니퍼 로페즈의 'until it beats no more'를 들었다. 그 가사가 나와 내 남편의 이야기였다. 노래를 몇 번이고 반복해서 듣다가 거실에서 잠든 남편 곁에 누워 그를 쓰다듬었다. 나를 있는 그대로 사랑해주는 존재가 있다는 사실에 무한한 감사를 느끼며 나의 손길에 사랑을 담아 그를 만졌다. 곧 숨길의 온도가 달라지고 우리는 한 몸이 되었다. 그는 그 어느 때보다 뜨겁고 강렬하게 내 안에서 움직였고, 의도하지 않은 체위가 저절로 나타났다. 그는 내 몸 안에 존재하지 않는 통로를 찾아내는 것만 같았다. 한 번도 느껴본 적 없는 부위에서 극치의 쾌감이 전해졌다. 더 이상 몸을 가눌 수 없을 정도가 되어 소파 위에 쓰러졌을 때 그는 다시 한 번 내 안에 들어왔다. 쇠망치로 두들기듯 강한 자극 속에서 온몸이 부서지는 게 아닐까 두려우면서도 의식은 고요하고 깊은 어둠을 느끼며 평온함을 느꼈다. 격렬한 춤이 끝나고 둘의 몸이 떨어졌지만 강렬한 에너지는 연결이 되어있었다. 넘쳐흐르는 에너지 속에서 나는 격렬하게 몸부림을 쳤고 그도 나를 껴안고 계속 움직였다. 움직임이 멈추고 그를 꼭 껴안고 같은 길이로 숨을 쉬었다. 내 몸 깊숙한 곳에서 울음이 새어 나와 한참을 울었다. 그는 미동도 없이 나를 꼭 껴안고 울음이 멈추기를 기다려줄 뿐이었다. '이 순간 이후로 모든 것이 변할 거야. 절대로 예전처럼 돌아갈 수 없을 거야.' 직감적으로 느껴지는 언어가 있었다. 조금 두려워서 그의 등을 꼭 감싸 안았다. 아기를 낳고 나서 한참 동안 나를 괴롭게 했던 무서운 감각이 떠올랐다. 목을 조르는 느낌과 내 손에 칼이 쥐어져 있는 느낌이 올라왔다. 그의 품에 있기에 그 느낌을 피하지 않고 온전히 느껴내었다. 목에서 에너지가 흐르더니 꿀렁꿀렁 뭔가가 빠져나가는 느낌이 들었고, 목구멍 안쪽에서 꺽꺽 한참 동안 소리가 났다. 계속 나를 안고 있던 그는 다리가 저린다며 샤워를 하고 왔고, 우리는 다시 마주 보고, 서로를 안았다.

그의 얼굴을 가만히 바라보는 데 그친 줄 알았던 울음이 다시 터져 나왔다. 고장 난 수도꼭지에서 줄줄 물이 흐르듯 그저 눈물이 줄줄 얼굴을 타고 흘러내렸다. "여보. 이거 내가 우는 게 아니야. 내 안에 있는 어떤 존재가 울고 있어." 한 번도 느껴본 적 없는 이상한 느낌이었다. 태어난 순간부터 그가 존재한다는 걸 알고 있었고 그를 찾아내야만 한다는 걸 알고 있었다. 이생에 태어나기 전 다른 생에서부터 그를 사무치게 온 생에 동안 그리워했고 기다려왔다. 그렇게 기다리던 사람이 내 눈앞에 숨 쉬고 있다. 여러 생 동안 참아온 눈물이 흘러내렸다.

"여보를 이생에서 만나게 돼서…." 다음 말을 이을 수 없었다. 그건 세상의 어떤 말로도 표현할 수 없는 것이었다. 있는 그대로를 사랑 안에서 안아줄 때 모든 것이 드러난다. 가장 여리고 상처 입은 것. 가장 강하고 빛나는 것. 전생과 현생을 넘어 존재하는 영혼의 실타래. 모든 것이 드러나고 자유롭게 흘러, 가야 할 길을 찾는다.

"여보 도대체 뭘 한 거야?"
"사랑의 마법."

영혼의 일

우주는 무한하며 풍요롭고 창조적이다.

그런 우주에서 창조된 우리 존재들은 각양각색 하나도 같은 것이 없다. 눈에 보이는 육체 뿐 아니라 보이지 않는 영혼의 모습 또한 모두 다르다. 만물을 창조하는 아티스트인 우주는 가장 미세한 붓으로 하나의 점을 찍는 화가처럼, 아주 섬세하게 하나하나의 존재를 만들고 독창적인 개성과 재능까지 불어넣었다. 우주는 각각의 존재를 통해 무한하고 풍요롭고 창조적인 자신을 드러낸다.

우주는 몇몇 이들에게 영혼을 민감하게 느낄 수 있는 능력을 주었다. 어떤 이는 타인의 영혼을 느낄 수 있는 능력이 있다. 그들은 사람들을 볼 때 고유한 영혼의 모양이나 색이 느껴진다고 한다. 어떤 이들은 자신의 영혼을 느낄 수 있는 능력이 있다. 나는 여기에 속한다. 다양한 방식이 있겠지만 나는 몸에서 흐르는 에너지를 느낄 때마다 신체화 된 움직임으로 형상화되는 나의 영혼을 느낀다. 나의 영혼은 구불구불한 개천을 따라 부드럽게 흐르는 물이기도, 소용돌이치는 거친 바다이기도 하다. 나는 춤을 추며 영혼의 통로가 되고, 영혼으로부터 우주의 진리를 듣는다.

아마도 과거에는 영혼을 감지하는 능력을 지닌 이들은 사제나 무당, 수행자나 영적 스승이 되었을 것이다.

아주 오래전에는 영적인 능력이 있는 이들이 나라의 대소사를 결정하며 왕보다 더 높은 권력을 지니기도 했고, 원시 부족에서는 영혼과 대화를 나누는 주술사들이 의사이자 스승이었다. 사람들은 영혼이 말하는 진리에 귀를 기울였다. 이성의 시대가 도래하고, 영혼을 느끼고 이해하는 능력은 배척되었다. 마녀사냥이 시작되었고, 주술과 마법은 무섭고 악한 것이라는 오명을 쓰고 어두운 곳으로 숨어야만 했다. 눈에 보이지 않는 것은 두려움을 준다. 사람들을 떠나 깊은 곳으로 숨어버린 이들의 이미지에는 점점 더 검은색이 덧입혀졌다. 나조차도 오랜 시간 동안 마녀, 무당, 주술사라는 말만 들어도 꺼림칙한 느낌이 들었고, 그런 쪽 근처에는 아예 가고 싶지 않았다. 에너지를 느끼며 저절로 몸이 움직이는 춤을 추며 돌기 시작했을 때 '귀신에 씐 거 아니냐?' '위험하다' 등의 두려움을 주는 얘기를 들었던 이유도 그런 이유에서 였을 것이다. 물론 영적인 능력을 악용하는 이들이 존재하는 것은 사실이다. 내가 우울증을 치유하기 위해 떠돌면서 만났던 종교인 또는 사이비 종교인들이 그랬다. 하지만 그들이 정말로 영혼을 느꼈는지는 잘 모르겠다. 진짜 영혼을 느낀 사람은 선해질 수밖에 없다고 생각한다. 영혼이 안내하는 곳은 빛과 사랑과 무한한 풍요가 가득한 '지복의 공간'이며, 그곳에서 모두가 하나임을 느끼게 된다. 그걸 느낀 사람이 어떻게 남을 이용하고 해할 수 있겠는가? 어쨌든 나는 내가 모르는 영역에 대해서는 말할 수 없으므로 여기에 대해선 말을 삼가겠다. 나는 영혼을 감지하는 능력을 통해 우주의 진리를 전달하고 자신과 세상에 도움을 주었던 이들에 대해 말하고 있다. 자신을 통해 우주를 드러나게 했던 이들 말이다.

저절로 일어나는 춤을 추며 내 몸을 스스로 치유하고 영혼의 답을 얻는 능력이 생긴 이후, 간만에 잘할 수 있는 일이 생긴 나였지만 어디다 자랑할 수도 없고 어떻게 써먹을 수 있는지도 몰랐다. 무용하는 곳에 가면 배운 것 없이 형태가 무너진 이상한 춤을 추는 사람일 뿐이었고, 연극을 하는 곳에 가도 마찬가지였다. 요가 수련을 오래 하신 선생님들은 그런 게 있다는 것을 알고 계셨고 '기춤'이라며 그걸 계속 수련하면 몸이 유연해 진다고 말할 뿐이었다. 분명 건강해지는 건 사실인데 그럼 내가 제일 잘하게 된 이 일은 그저 건강 유지용일 뿐인 걸까? 분명 나에게 도움이 된 것이니 다른 사람에게도 도움이 될 것 같은데, 나도 남들처럼 내가 잘 할 수 있는 일로 사람들을 돕고 싶은데 대체 난 이걸로 뭘 할 수 있단 말인가? 이 나이에 내가 피아노를 배워서 뭘 하겠냐며 그래도 하고 싶었던 거니까 배운다며 한 권 한 권 책을 떼는 우리 엄마처럼, 나도 조금은 포기한 채로 남들 몰래 틈틈이 에너지를 느끼며 취미처럼 계속 춤을 췄다.

그러던 중 SNS에서 놀라운 사람들을 보게 되었다. 내 또래의 여자가 자신이 무당이 된 이야기를 인스타툰으로 그려 올리는 게 아닌가. 자기 눈에 보이는 영혼들에 관한 이야기부터 무당을 업으로 하며 살아가는 일상의 이야기까지 모든 이야기를 당당하게 세상에 공유하고 있었다. 또 팔로워 수가 4만 명에 가까운 유명한 메이크업 아티스트는 자신은 사람들의 에너지 컬러를 볼 수 있으며, 그 색상을 메이크업에 적용하여 그 사람을 돋보이게 하는 메이크업을 한다는 걸 너무도 자연스럽게 얘기하고 있었다. 신기한 것은 사람들도 거기에 대해 어떤 의문도 갖지 않고 그녀를 신뢰하고 무기한으로 대기를 해야 하는 그녀의 샵에 예약을 건다는 것이다. 그뿐 만이 아니었다. 누군가는 대놓고 누군가는 조심스럽게 자신이 가진 비밀스러운 능력을 세상에 내보이기 시작했다. 세상이 달라지고 있다. 다시 영혼의 시대가 도래했다. 인스타 속에서, 사람들의 대화 속에서 봄 같은 희망을 느꼈다. 우리는 아닌 척 숨기고 있었지만, 두려워하고 쉬쉬하면서도 영혼의 메시지를 듣기를 간절히 바래 왔다. 점집에서 사주를 보고 길거리에서 타로점을 보며 상업화되고 변질된 가짜마법에 기대어서라도 위로 받고 삶의 지혜를 얻길 바랬다. 이젠 진짜 영혼으로 돌아갈 때가 되었다. 숨어있던 마녀와 마법사, 무당과 주술사, 고독한 수행자들과 숨은 현자들이 모습을 드러내고 있다. 그들은 나에게 엄청난 용기를

주었다. 그들이 자신을 통해 드러내는 영혼의 모습이
너무 아름답고 빛나서 가끔은 불이 활활 타오르게 질투가
나고 화가 났다. 그럴 때마다 내면의 소리가 들렸다. '네가
누구인지 말해! 세상에 너를 드러내!'

목욕탕에선 벌거벗은 몸이 부끄럽지 않다. 모두가 벗고
있으니 벗는 게 당연하다. 누군가가 있는 그대로의 자신을
드러내고, 하나 둘 그런 사람들이 늘어나면 있는 그대로의
자신을 드러내는 게 당연해 진다. 목욕탕에서 옷을 입고
있는 게 더 이상해 보이는 것처럼, 가면을 쓰고 자신을
숨기는 게 더 이상한 세상이 된다. 내가 있는 그대로의
자신을 드러낸다는 것은, 우주가 준 고유한 선물들을
세상에 나누는 것이다. 숨겨놓기엔 아까운 귀하고 값비싼
선물이 세상에 나와 사람들을 행복하게 한다. 나의
육체만이 지닌 아름다움과 나의 영혼만이 지닌 색과 향기가
사람들을 놀라게 하고 감동하게 한다. 온전히 자신으로
피어난 존재를 보면 사람들의 영혼이 반응한다. 영혼은
말한다. 나도 세상에 나가 나의 빛을 뽐내고 세상을 즐기고
사람들을 기쁘게 할 거야! 그때 변화가 시작된다. 나는 조금
더 내면에 귀를 기울이고 세심하게 자신을 돌보기 시작하게
된다. 영혼이 기뻐할 만한 옷을 입고 해보고 싶었던 일들에
도전한다. 마음 가는 대로 꽃을 사서 꽃병에 꽂고 솔직하게
내 마음을 표현한다. 나 다워진다는 것이 얼마나 자유롭고

재밌는지 알게 된 이의 얼굴엔 생기와 미소가 가득해진다. 세상은 꽃밭처럼 알록달록해지고 거리는 웃는 얼굴로 활기차게 걸어가는 사람들로 넘쳐난다. 나의 영혼만이 할 수 있는 영혼의 일을 찾아냄으로써 우리는 우주의 통로가 된다. 무한하고 풍요로우며 창조적인 우주의 한 조각이 당신이다.

점 = 우주

명상의 본질은 '느낌'이다. 명상은 정신적인 수양이 아니라 신체적으로 느껴지는 감각을 통해 경험하는 존재의 본질이다. '내 안에 우주가 있다.'라는 명제를 이해할 수 있는가? 생각과 상상력으로 추측하는 것은 가능하다. '내 안에 다양한 감정, 기억, 이야기가 저장되어 있으니까 그런 걸 거야.' '나라는 존재 안에 인간의 역사, 진화의 과정이 모두 녹아 들어 있으니까 그런 걸 거야.' 각자의 논리에 따라 이 명제는 다양하게 해석될 수 있다. 그러나 그 중에 뭐가 맞는지 뭐가 진실인지는 아무도 알 수 없다. 그 논리를 펼치는 사람조차 알 수 없다. 그러나 내 안에 있다는 우주를 느껴봤다면? 실제로 그 우주가 되어보는 경험을 한다면? '내 안에 우주가 있어! 내가 그걸 느꼈어!' 자기 자신은 확신할 수 있다.

나는 명상을 통해 '내 안에 우주가 있다.'라는 것을 느끼고 알게 되었다. 나 자신에게 온전히 집중하여 느낌 속으로 깊이깊이 들어가 나. 나. 나. 나. 나라는 한 점에 수렴하는 순간, 그 점이 우주만큼 확장되었다. 상상으로 그런 상태를 그려보며 느끼는 척하는 게 아니다. 신체적인 느낌으로 우주가 된 나 자신을 느낄 수 있었다. 나는 거기에서 숨 쉬고 있는 내가 아니라, 나를 둘러싸고 있는 공간 자체이자 그 너머의 공간을 품는 '전체'가 되어 여기에 있는 나를 바라보고 있었다. 그것을 느낀 이후 모든 수수께끼가

풀렸다. '그렇다 카더라~.' 머리로 이해하려 애쓰던 요가 경전, 부처님의 말씀, 예수님의 말씀. 무엇을 들어도 그 안에 있는 단 하나의 진리를 읽어낼 수 있었다. 그게 무슨 말인지 진정으로 이해할 수 있었다. 그 느낌의 순간은 깨달음의 순간이었다. 나는 '깨닫는다'라는 것이 무엇인지 처음으로 알게 되었다. 그날 나는 원효대사가 해골물을 마시고 삶의 본질을 깨달은 것처럼, 내가 누구인지 깨달았다. 나는 우주 그 자체였다.

그래. 그래서 깨달아서 그 이후론 모든 게 순조로웠냐고? 물론 아니다. 나는 여전히 흔들렸고 자주 화가 났고 종종 우울했다. 힘든 상황이 닥치면 견딜 수 없이 괴로워하기도 했다. 내가 명상하는 사람이라는 정체성을 드러내고 나의 경험을 나누기 시작하니, 사람들은 나를 보고 '영적이다'라고 했다. 내가 영적인 사람인 건 사실이었다. 하지만 영적이라는 말이 주는 부담감이 있었다. 왠지 영적인 사람은 길을 잃으면 안 될 것 같았고, 영적인 사람은 화를 내거나 우울해 져서도 안 될 것 같았다. 항상 지혜롭고 평화로운 상태를 유지해야 할 것만 같았다. '말도 안 돼. 이런 내가 영적이라고? 위선이야.' 이불 속에 누워 우울을 빠는 날에는 나 자신을 비웃고 명상한다며 우울해 하는 나를 비웃었다. 하지만 나는 분명히 이전과 달랐다. 모든 걸 망쳐버린 것 같은 기분이 드는 날. 사랑하는 남편과 다투고 만신창이가 된 것 같은 날. 부족한 나 때문에 상처 준 게 아닐까? 아기에게 미안하고 미안해서 가슴을 치던 날. 그런 날에도 나는 알고 있었다. 내가 우주라는 것을. 이렇게 쪼그라들어 괴로움에 빠져 허우적대는 작은 존재가 아닌 광대하고 아름답고 엄청난 존재라는 것을. 잠깐 그 사실을 잊고 과거와 두려움, 내가 온전히 느껴주지 않은 감각들로 인해 이런 아픈 상황을 창조한 것도 나지만, 이 상황을 변화시키고 사랑과 빛으로 나의 삶을 채울 수 있는 것도 나라는 것을 기억해냈다. 그리고 우주로서 지금 여기에 있는 나를 토닥이고 다시 일으켜 세우고 바른 선택을 하도록 이끌었다. 고통에 빠져서 괴로워하는 시간이 아주 짧아졌다. 나는 내 안의 우주로 돌아가는 길을 알고 있고 언제든 내 안에 있는 우주에 답을 구할 수 있었다.

명상은 완벽으로 향하는 길이 아니라 사랑으로 향하는 길이다. 적어도 나에겐 그렇다. 완벽해지기 위해 흔들리지 않기 위해 명상을 할 때 우리는 늘 부족한 사람이 된다. 내게 명상은 앎의 길이고 사랑의 길이다. 명상을 통해 우주를 알게 되고 우리 존재의 진실을 알게 되면 우리는 자신과 타인을 사랑할 수밖에 없다. 내가 광대하고 아름답고 엄청난 우주인데 어떻게 나를 사랑하고 숭배하지 않을 수 있나? 그리고 내가 나, 너, 모든 생명체를 포함한 우주로써 모든 것과 연결되어 있는데 어떻게 타인을 사랑하지 않을 수 있나? 완벽하지 않아도 괜찮다. 흔들려도 괜찮다.
인간으로서 태어나 겪을 수밖에 없는 다양한 감정들과
경험을 피할 수 있다면 피하고 싶고, 느끼지 않을 수
있다면 그러고 싶지만 나는 그럴 수 없는 사람이다.
삶이 너무 아파서 명상을 하게 되었지만, 명상을 한다고
그게 없어지는 건 아니었다. 삶은 파도처럼 편안하다
가도 힘들었다. 명상은 그런 삶 속에서 돌아가는 길을
알려주었을 뿐이다. 길을 잃어도 몸은 그 길을 기억하고
다시 나를 우주의 중심으로 이끌었다. 암기한 지식. 머리로
안다고 생각한 것은 잊힌다. 하지만 신체화 된 느낌은 절대
잊히지 않는다. 어린 시절 놀이공원에서 롤러코스터를
탔을 때의 느낌. 하늘 위에 붕 떴다가 고속으로 내려갈
때 오금이 찌릿한 그 느낌을 아직도 기억한다. 딱 한
번이 마지막이었다. 하지만 매년, 매달, 매일 주기적으로
롤러코스터를 타지 않아도 그 느낌은 언제나 내 몸속에
저장되어 있고 꺼내어 느낄 수 있다. 그것과 똑같다.
명상도 마찬가지다. 한번 느낀 것은 영원히 꺼내 쓸 수
있는 지혜가 되어 몸속에 저장된다. 매일 명상 수련을
하고 애써서 깨어 있음을 유지하지 않아도 아주 쉽게 그
느낌을 기억해낼 수 있다. 외우기 힘든 산스크리트어로
된 차크라의 이름 하나하나를 다 외워서 말할 수 있다고,
에너지의 통로가 어디 어디에 있고 그 이름이 뭔지 안다고
에너지를 아는 게 아니다. 중요한 건 에너지를 느끼는 것.

단 한 번이라도 내 몸의 감각에 몰입해 에너지를 느껴보는 것이다. 명상 자세를 배우고 수많은 스승과 명상센터를 찾아가 수련한다고 명상을 잘하게 되는 것이 아니다. 단 한 번이라도 내가 있는 이 자리에서 나 자신을 들여다보며 나라는 점에 수렴했을 때 만나게 되는 우주를 느껴보라. 그때 알게 될 것이다. 점 = 우주라는 역설.

밤

들어와
내가 우유에 적신 카스테라처럼 흐물거릴 때
붉은 달처럼 못 보던 얼굴로 너를 만질 때
네 손으로 오래된 자물쇠를 헐고 삼십 년 묵은 뱀을 풀어줘

뱀이 내 척추를 타고 오를 때
정수리에 올라 뾰족한 혀를 날름거릴 때
내가 적막하고 어두운 곳을 유영할 때
배 위에서 나를 기다려줘

우리는 똑같은 길이의 숨을 나눠 마시며
살아온 시간에 붙은 검은 딱지를 어루만지고
눈물이 담긴 잔을 부딪치며 오늘을 축복할 거야

갓 태어난 아기처럼 벌거벗고서
첫날 이후 울지 못한 울음이 이불을 적실 때까지 춤을 출 거야

영원한 순간이 지나가고 있으니
이생에 주어진 몸으로
잊히지 않을 사랑을 할 거야

2부
몸과 영혼으로 돌아가는 길

꿈꾸는 나비(상)

"나 배우가 되어서 무대에 서 보고 싶어." 말을 하고서도 실없는 소리라는 걸 안다는 듯이 낄낄 웃었다. "언니 왜 웃어? 언니 꿈인데 진지하게 생각해봐." 뜨끔했다. 내가 배우가 되는 건 불가능하다고 생각했기에 누가 비웃을까 두려워서 먼저 농담인 척하며 웃었다. 그런데 동생이 나의 정곡을 찔렀다. 내가 진짜 하고 싶은 일이라면 나부터 그 꿈을 소중하게 여기며 키워 나가야 했다. 꿈을 직면할 용기가 없기에 농담 속에 진심을 숨겨두었다.

내가 처음 배우라는 직업에 관심을 두게 된 것은 중학교 때였다. 우연히 배우 신하균을 알게 되었고 그의 광기 어린 연기를 보고 나서 영화의 세계에 빠져들었다. 영화는 내게 탈출구였다. 중·고등학교를 거치며 꿈을 이루기 위해서는 지금의 즐거움을 포기하고 세상이 정해 둔 성공의 길을 가기 위해 열심히 책상 앞에만 앉아있어야 한다고 배웠다. 나는 모범생인 척 눈에 띄지 않게 네모진 틀에 맞추어 나를 잘라내는 데 능숙했지만 언제나 마음속으로 자유를 꿈꿨다. 그런 나에게 영화는 '자유' 그 자체였다. 영화는 말해줬다. '그 세계가 다가 아니야. 세상에는 정말 다양한 삶이 있어.' 영화 속에는 자유롭게 세계를 떠도는 방랑자도 있고, 말도 안 되는 꿈을 이뤄낸 사람들의 이야기도 있고 삶을 등진 사람들의 그림자 같은 세계도 있었다. 자율학습 시간, 찍소리도 안 나는 교실의 책상에 앉아 텅 빈 운동장을 바라보며 생각했다. '나는 태양처럼 뜨겁게 살 거야.

나만의 방식으로 누구보다 자유롭고 행복하게 살아갈
거야.' 시내에 나가는 날이면 시외버스터미널 앞 서점에
가서 시네 21이나 스크린 같은 영화잡지를 샀다. 주말
내내 잡지를 보며 크고 작은 영화들과 아름다운 배우들을
보며 영화감독의 꿈을 키우기 시작했다. 사실 나를 가장
매혹하는 존재는 배우였지만 예쁘지도 외향적이지도 않은
내가 할 수 있는 일은 아닌 것 같았다. 영화감독은 외모가
중요하지 않으니까 좋아하는 영화를 만들면서 살면 좋을
것 같아서 감독으로 꿈을 정했다. 하지만 모든 게 내 뜻대로
되지는 않았다. 전망 있는 전문직을 갖길 바라는 부모님의
바람대로 이과에 진학했지만, 수학의 벽을 넘지 못했고,
망친 수능을 던져버리고 대충 영화과랑 비슷해 보이는
방송영상학과에 수시를 넣어 수석으로 입학했다. 그러나
대충 끼워 놓은 첫 단추에 대한 대가는 컸다. 대학교에는
내가 기대했던 배움도 자유도 없는 것 같았다. 동기들은
끼리끼리 무리를 지어 어디서나 봄날의 새들처럼 조잘대며
웃었지만 나는 어디에도 낄 수 없었다. 대학 생활에서 가장
중요하다는 술자리의 대화도 술 게임도 다 괴롭기만 할
뿐이었다. 나는 과실에 앉아 무라카미 하루키의 '상실의
시대'에 코를 박았다. 웃고 떠드는 젊음 속에 나 혼자
외로운 섬처럼 느껴졌다. 나는 세상으로 향하는 눈을 닫고
내 안으로 들어갔다. 사람들이 두려워지기 시작했다.
수업이 끝나면 도망치듯 도서관에 숨었고, 그나마 친했던

서너 명의 친구들마저 피해 다녔다. '내가 보이지 않았으면 좋겠어.' 너무나 외로웠지만 연결되고 속하는 것은 더 두려웠다. 나라는 존재를 좋아해 줄 사람들은 아무도 없는 것 같았다. 대학 캠퍼스는 언제나 춥고 황량한 겨울이었다.

'똥이 더러워서 피하지 무서워서 피하냐?' 학교는 배울 것도 없고 유치한 애들 이랑 어울려서 얻을 것도 없다며 제멋대로 휴학을 했다. 내가 무서워서 도망치고 있다는 것을 그때는 몰랐다. 나는 자유로움이 넘치는 남미로 떠나겠다고 선언했고, 부모님은 남미는 위험하니 스페인에 가보면 어떻겠냐고 제안하셨다. '그래. 스페인에서 예술학교에 다니며 멋진 아티스트가 되는 거야!' 호기로운 계획을 세우고 스페인 유학길에 올랐다. '여기가 아닌 어딘가'에 내가 찾는 이상적인 환경이 있을 거로 생각했다. 그곳에 가면 나는 찌질한 내가 아니고 멋지고 환상적인 내가 되어있을 것이었다. 고등학교를 졸업한 지 얼마 안 되는 햇병아리가 야생에 가까운 스페인의 촌 동네에 떨어졌다. 흥분과 설렘도 잠시였다. 어른이 된 척 바에 가서 치즈와 와인 한잔을 시켜 마시다 갑자기 덜컥 겁이 나서 엉엉 울었다. 여기엔 나를 알고 내가 아는 사람이 하나도 없었다. 나와 다르게 생긴 다른 언어를 쓰는 사람들 사이에 나 홀로 이방인이라는 사실이 너무 무서웠다. 하지만 이미 돌이킬 수 없었다. 시간이 지나면서 그런 생활에도 익숙해졌고 친구도 생겼다. 어학원에서 만난 일본 남자애한테 반했고 짝사랑으로 울고 웃는 시간을 보냈다. 뜨거운 햇살과 신선하고 풍요로운 야채와 과일. 바에서 맥주를 마시는 사람들은 열정이 넘쳤고, 밤의 거리는 아름다웠다. 하지만 나는 여기서도 외로웠다. 내 가슴 어딘가에 뚫린 구멍은 여기에서도 그대로였다. 나는 몸도 마음도 만신창이었다. 일 년간의 어학연수를 끝으로 짐을 싸서 한국으로 돌아왔다. 스페인에서 배운 하나의 교훈은 어디를 가도 계속 따라오는 달처럼, 어디에서나 내가 나를 따라다닌다는 것이다. 어디에서도 나를 피할 수는 없었다. 우울하고 자신감 없고 외로운 나는 그곳까지 나를 따라와 나를 괴롭게 했다. 한국에 돌아왔고 복학하는 게 당연한 순서였다. 하지만 예전의 대학 생활로 돌아가서는 안 되었다.

나는 영화과로 전과를 신청했고 운 좋게도 합격할 수 있었다. 이제 나는 꿈꾸던 영화인의 세계로 들어왔다. 부모님은 새로운 원룸을 구해 주셨고 나의 가슴은 부풀어 올랐다. 관계와 사람에 대한 두려움이 나를 덮칠까 두려워 일본 그룹인 우루후즈의 긍정적이고 밝은 노래를 계속 들었고, 문 앞에 그 노래의 가사를 적어 놓고 자기암시를 했다. 그렇게 애를 써가며 무리에 속하고 싶었지만, 내 안의 겁쟁이는 계속 벌벌 떨고 있었다. 영화과 특성상 많은 사람과 함께 작업을 해야 했고, 선후배 할 것 없이 전과해온 나를 도와주었다. 이곳에서 배울 것은 넘쳐났다. 좋아하는 수업에서 좋은 성적을 얻었고, 과제로 찍은 첫 단편영화는 교수님으로부터 시적이라는 호평을 받았다. 하지만 내 안의 두려움은 계속해서 나에게 말했다. '도망쳐! 여기는 네가 있을 곳이 아니야.' 나는 내가 만든 영화가 쓰레기 같다고 생각했고, 허무주의에 빠져서 겉돌기 시작했다. 나는 내 안의 두려움에 굴복했다. 그리고 간절하게 가고 싶었던 영화과를 자퇴했다. 똑같은 이유였다. '여기는 나 같은 사람이 있을 곳이 아니야. 나는 나만의 예술을 할 수 있는 곳으로 갈 거야.' 부모님이 정성껏 마련해준 원룸을 버리고 트럭 한 대에 짐을 싣고 홍대의 셰어하우스로 떠났다. 이제부터 멋진 홍대 생활이 시작이야! 나는 아티스트가 될 거야! 기대에 부푼 나는 기억하지 못했다. 언제나 나를 따라오는 내가 있다는 것을. 어디에서도 나를 피할 수는 없다는 것을.

서울 이곳은

새벽 세 시, 일하는 가게에서 챙겨온 버터 치킨 커리로 허겁지겁 허기를 채웠다. 몇 달 전보다 무거워진 몸뚱이에 피곤의 무게까지 더해져 온몸이 천근만근 같았다. 끈적끈적하고 검은 우울함이 가슴의 구멍에서 뿜어져 나왔다. 우울이란 감정은 신체적 감각으로 나타났고, 얼굴은 고통스럽게 일그러졌다. 처음 이곳에 왔을 때 커다란 전지에 그렸던 청사진 속의 계획대로 된 것이 아무도 없었다. 홍대에만 오면 멋진 예술가가 되는 줄 알았다. 나는 매일 그림을 그리거나 악기를 연주할 것이고 머지않아 나를 알아주는 사람들이 생길 거라 생각했다. 부모님의 뜻을 거스르고 멋대로 자퇴를 하고 집까지 옮긴 터였다. 이제는 증오했던 아빠와 엄마의 돈 따위 받지 않고 내 힘으로 멋지게 살아볼 거라 다짐했다. 지하 공연장이 있는 폼 나는 카페에서 아르바이트를 시작했고 이제서야 나는 꿈꾸던 자유롭고 멋진 삶을 얻은 것만 같았다. 나는 매일 커피를 내리고 공연장을 청소하며 수많은 예술인을 마주쳤다. 그들의 곁에 있는 것만으로도 내가 뭔가 된 듯한 기분에 우쭐해졌다. 개성 있는 옷을 차려 입고 자기만의 작업을 하는 사람들은 내가 동경하는 세계에 속해 있는 것 같았다. 그들을 바라보며 내가 그 세계에 속한 것처럼 대리만족 했지만 정작 나는 그림 한 장도 그리지 않고 있었다. 나는 나를 둘러싼 화려함에 취해 나의 목표를 까맣게 잊어버렸다. 내가 일하는 곳은 낮은 조용한 카페였지만 밤에는 술을 팔았고 시끌벅적한 펍처럼 변신했다. 낮에 카페 아르바이트를 하는 것만으로는 생계유지가 어려워진 나는 밤 영업시간의 주방에서 일을 하게 되었다. 밤새 차가운 형광등이 켜진 주방에서 치킨을 튀겨내고 주방 청소까지 마무리하고 나면 새벽 두 시가 되었다. 피곤에 쩔은 몸으로 가로등이 켜진 새벽 거리를 휘청휘청 돌아와 씻지도 않고 몸을 뉘었다. 오전 내내 잠을 자고 나면 출근 시간이 돌아왔다. 해도 잘 들지 않는 어둡고 좁은 방에 누워있으면, 미닫이문 밖에서 같이 사는 언니들의 소리가 들려왔다. 음악을 한다고 했지만 하루 종일 아르바이트하고 돌아와 술을 마시며 매일 남들을 험담할 뿐이었다. 어느 순간부터 언니들과 얘기도 나누지 않는 사이가 되었다. 나는 숨을 죽이고 몸을 웅크렸다. 쓰라리게 외로웠다. 거울 속 나는 내가 알고 있는 내가 아니었다. 매일 밤 허기에 기름진 음식으로 배를 채우고 불규칙한 생활을 한 결과 온몸이 퉁퉁 불어 있고, 눈 밑은 검고 얼굴엔 생기가 없었다. 혼자 있을 때면 시도 때도 없이 시커먼 우울함이 나를 덮쳤다. 약에 취한 사람처럼 흐리멍덩한 눈으로 홍대거리를 무작정 걸었다. 어디로 가야 할지, 어떻게 살아야 할지 알 수 없었다. '여기는 내가 있어야 할 곳이 아니야.' 그것만은 확실했다.

결국 돌아갈 곳은 고향밖에 없었다. 아빠는 못난 딸의 짐을 가지러 서울까지 올라왔다. 그리고 마산으로 가는 차

안에서 '서울 이곳은'이라는 노래를 틀었다. 시간이 지나서 이 노래의 가사를 읽으니 아빠가 왜 이 노래를 틀었는지 알겠다. 때로는 삶에 긴 휴식이 필요하다는 것. 아무것도 되지 못하는 암흑 같은 시간이 내 마음을 더 넓고 자유롭게 만든다는 것. 돌아가는 것이 실패가 아니라 진정한 성공을 위한 길이라는 것. 하지만 그때는 몰랐다. 나약하고 바보 같아서 아무것도 이루지 못한 채 서울을 떠나는 내가 한심하고 죄스럽게 느껴졌을 뿐이다. 귓가에 들리는 이 노래는 전투에서 패배한 군인들을 위로하러 울리는 슬픈 군악처럼 들렸다. '패배자! 실패자! 아무것도 되지 못한 무능한 인간!' 머릿속에 수많은 내가 나를 향해 돌을 던졌다. 앞으로 어떤 일이 벌어질지 알았다면 나는 다른 선택을 할 수 있었을까? 수없이 후회했다. '그때 서울에서 내려오지 않았더라면 내가 그렇게 되진 않았을 텐데.' 나를 실은 차는 어둡고 긴 터널 속으로 들어가고 있었다.

구멍에 빠지다 1

고향에 내려온 나는 정말 이젠 뭘 해야 할지 모르는 상태가
되었다. 부모님은 이제라도 세상을 살아가는데 필요한
것들을 하나하나 갖춰 나가고 내가 마무리 짓지 않은
것들을 마무리 지으면 된다고 말했다. 어중간하게 배워
둔 스페인어 자격증을 따고, 그만두고 나온 학교에 다시
들어가 학교를 졸업하고… 내가 고등학교 때까지 잘 해왔던
게 공부니까 다시 공부해서 공무원이 되는 것이 현명한
길일지도 모른다고 했다. 고향에 남아있는 친구들은
취직해서 회사에 다니거나 아니면 공무원이 되기
위해 매일 독서실을 드나들었다. 노래를 기똥차게 잘하고
끼가 넘치던 친구는 자기가 사교적인 성격이니까
세무공무원이 되면 좋겠다고 말했다. 집마다 돌아다니며
사람들을 만나는 게 그나마 자신에게 잘 맞을 것 같아서
라고 했다. 공무원이 되려는 이유는 안정적인 수입이
보장되고 일찍 일이 끝나서 가족들과 보낼 시간이 있어서
라고 했다. 직업을 선택하는 유일한 기준은 '이 일이
현실적인가?' 였다. 자신이 뭘 좋아하는지 뭐가
어울리는지는 선택의 조건에 포함되지 않았다. 그 결과
고향에 남은 친구 몇몇 모두 공무원 시험을 준비하고
있었다. 생기발랄한 여고생이었던 친구들은 모두 쌍꺼풀
수술을 해 어딘가 부자연스러운 눈으로 핸드폰을
들여다보며 여자 연예인들의 얼굴을 보며 '성형하고
싶다'라고 중얼거렸고 뱃살을 꼬집으며 '살 빼고 싶다'라고

말했다. 민희도 영주도 좁고 좁은 문에 들어가려 죽어도 하기 싫은 공부를 하며 책상에 앉고, 세상이 정해준 미의 기준에 들어가려 얼굴을 깎아내고 살을 깎아내려 하고 있었다. '이게 현실이란 말인가?' 원하는 대로 꿈꾸는 대로 살지 못하는 게 당연하고, 있는 그대로의 나로서는 사랑받을 수 없다고 여기는 게 당연하단 말인가? 우리에게 주어진 삶이란 게 이토록 재미없고 괴로운 것인가? 이건 내가 꿈꾸는 삶이 아니라는 것을 알았지만 나조차도 내가 마음에 들지 않았고, 원하는 삶을 살기 위해 무엇을 해야 하는지 알 수 없었다. 도서관에서 꿈을 이룬 사람들의 에세이 같은 것을 잔뜩 쌓아 놓고 읽어보아도 나의 무능함과 끈기 없음을 확인하게 될 뿐이었다. '세상엔 이렇게 대단한 사람들이 많은데, 난 아직 아무것도 제대로 해낸 것이 없어.' 친구들에게서도 책에서도 위로를 찾을 수 없었다. 이 세상에 내가 속할 수 있는 곳은 어디에도 없었다.

나는 산산조각이 났다. 어느 날 완전히 깨져서 쓸 수 없게 되어버렸다. 한동안은 괜찮아 보였다. 나의 몸은 분주히 움직이며 운전면허증을 따고, 도서관에 오가며 뭔가를 준비하는 척하기도 했다. 하지만 보이지 않는 곳에서 이상한 일이 벌어지고 있었다. 혼자 있는 시간이 길어지면서 생각이 점점 깊어 졌다. 이십 몇 년간의 짧은 삶을 돌아보면 후회되는 일 뿐이었다. '그때 학교를 그만두지 않았어야 했는데. 첫사랑 일본 애가 자자고 했을 때 잤어야 했는데. 뭐라도 제대로 끝냈어야 했는데.' 후회가 꼬리에 꼬리를 물고 이어졌다. 온종일 그런 생각에 빠져 있다 보면 생각의 끝에는 무서운 말이 따라왔다. '아무것도 해내지 못하고 어디에도 속하지 못하는 너는 죽어야 해. 죽어버려!' 처음엔 고개를 휘휘 저어서 털어버리면 될 말일 줄 알았다. 그런데 죽음이라는 씨앗이 내 머릿속에 심어진 순간, 그 까맣고 작은 씨앗은 내 생각 전체에 뿌리를 내리고 가지를 뻗쳐 나를 꼼짝 못 하게 휘감아 버렸다.

구멍에 빠지다 2

'죽고 싶어.'라는 생각은 얼마 되지 않아 "죽고 싶어."라는 말로 변했다. 그저 생각에 불과했던 것이 말이라는 형태로 세상에 나왔고 말은 강력한 씨앗이 되어 나의 미친 생각에 연료를 공급했다. 내가 죽고 싶고 죽어야 하는 존재라는 것은 너무 자명했다. 나의 검색 키워드는 '자살'이 되었다. 나는 매일 죽기 위한 방법을 생각하며 살아있었다.

어느 날 나는 낡은 아파트의 계단을 올랐다. 옥상으로 가는 쇠문은 열려 있었다. 말라비틀어진 식물들, 누군가가 돗자리에 널어 둔 고추 따위가 흐릿하게 보였다. 모든 것이 나의 비참하고 초라한 신세를 투영하는 상징물로서 '너는 죽어야 해.'라고 말하고 있는 것 같았다. 나는 홀린 듯이 난간에 올랐다. 위에서 내려다본 텅 빈 아스팔트 바닥은 아찔했다. 잠깐 끔찍한 상상들이 흘러갔다. 한 발 내딛고 나면 모든 것이 끝날 것이고 끔찍한 사건의 주인공이 된 채로 잊히거나 평생 잊히지 않을 고통을 남길 터였다. 어쩌면 끝이 아닐지도 몰랐다. 더 큰 지옥이 기다리고 있을지도 몰랐다. 옥상에서 내려와 집으로 갔다. 엄마가 차려준 밥을 먹고 잠이 들었다. '이대로 눈 감으면 내일이 오지 않았으면 좋겠어. 아니 이 모든 게 꿈이었으면 좋겠어.' 평생 생각해서는 안 되는 자살을 밥 먹듯이 생각하고 심지어 그걸 행동에 옮기려고 시도했다는 사실이 끔찍했다. 나는 커터칼이나 밧줄을 보면 죽음을 떠올렸고, 심지어 반짝이며 빛나는 강물을 보면 뛰어들고 싶은 충동에 시달렸다. 매 순간 괴로운 생각만 나니 사는 게 지옥 같았다.
오로지 먹는 순간에만 그런 생각이 사라지는 듯했다. 나는
틈만 나면 먹었다. 평생 인스턴트 식품에 손을 대지 않던
내가 과자 몇 봉지를 입에 쑤셔 넣으며 눈물을 흘렸다.
이십 킬로 가까이 늘어난 몸은 내 것 같지 않았다. 나는
내가 벌레 같았다. 벌레가 된 남자의 이야기를 읽은 적이
있다. 어느 날 잠에서 깨었는 데 흉측한 벌레로 변해버린
남자는 자신의 방에 갇혀 진짜 벌레가 되어간다. 사랑하는
가족들마저 그를 괴물처럼 여기게 되고 인간이었던 그는
세상에서 잊혀간다. 나는 이제 벌레, 아니 벌레만도 못한
존재가 되어 살아있다는 것이 부끄러운 존재가 되어버렸다.
우등생이었고 부모님과 선생님들의 기대를 한 몸에 받던
나도, 스페인에서 부모님이 보내준 돈으로 자유롭게
살아가며 우쭐해 있던 나도 이제는 사라졌다. 나는 작은
도시 한 구석에서 미쳐가고 있었고 죽기만을 바라며
살고 있었다. 이대로는 그 이야기 속의 남자처럼 평생
벌레로 살다가 시골의 정신병원 신세를 지며 죽을 날 만을
기다리며 살게 될 것이었다.

다행히도 부모님은 나를 포기하지 않았다. 사실 그것은
다행이 아니었다. 생각의 늪에 빠져 현실이 눈에 보이지
않았지만, 엄마의 얼굴은 보였다. 엄마는 해골처럼 바싹
말라 조글조글 주름진 얼굴로 나를 바라보았다. 엄마는 내

손을 잡았다. 어린 시절에 느꼈던 엄마 손의 느낌 그대로 단단하고 따뜻한 손이었다. "다 지나갈 거야.' 엄마는 내 손을 꼭 잡고 놓지 않았다. 아빠는 매일 잠을 이루지 못해 시뻘건 눈이었다. 사소한 고민이라도 있으면 토끼 눈을 뜨고 밤을 지새우는 아빠였다. 멀쩡하던 딸이 갑자기 죽겠다고 난리를 치니 잠을 잘 수 있을 리가 없었다. 나는 집이 아닌 어딘가에서 나를 구할 방법을 찾아야 했다. 병원에서는 우울증이나 조울증이라며 약을 처방했다. 하지만 그 상황에서도 나는 약을 믿을 수 없었다. 이 조그만 알약 따위가 저주에 빠진 내 영혼을 고칠 수 있을 것 같지 않았다. 상담을 가면 "마음만 고쳐 먹으면 된다."라고 했다. 하지만 그 보이지 않는 마음이란 걸 어떻게 고쳐야 하난 말인가? 고장 난 테이프처럼 '죽어야만 한다'라는 말만 재생하는 머리를 어떻게 버릴 수 있단 말인가? 그때부터 나는 영을 치유한다는 온갖 절과 사찰, 치유센터를 찾아 떠돌기 시작했다. 한 번도 가본적 없는 시골 마을로 가는 시외버스의 안에서 떨쳐버릴 수 없는 죽음이라는 병에 덜덜덜 떨며 몸을 웅크렸다. 이 끔찍한 생각이 따라오지 않을 만큼 깨끗하고 환하고 밝은 무균지대 같은 곳을 찾고 싶었다. 모든 것이 새하얀 호텔 방 같은 곳 말이다. 나는 나를 치유해줄 어떤 신령한 존재를 기대하며 전국을 떠돌았다. 하지만 내가 만난 것은 더 무서운 현실이었다. 스님들은 병을 고칠 부적을 써준다며 큰돈을 얘기했다.

치유센터란 곳에는 이상한 사람 그림이 그려져 있었고, 나처럼 몽롱한 눈을 한 사람들이 누워있었다. 꽤 유명한 명상수련원에도 가보았지만 미친 내가 봐도 괴이한 명상법으로 사람들을 현혹하고 있었다. 스님이 되어 평생의 업을 닦으면 이 병이 고쳐질까 해서 비구니 절에 들어가기도 했다. 매일 새벽 세 시에 일어나 삼백 배를 하고 스님이 알려준 진언을 외웠다. '스타타카토 스니삼.' 뜻도 모르는 말을 외우며 하루 종일 밥을 짓고 청소하는 일을 도왔다. 하지만 나의 어둠은 매일 나를 괴롭혔고, 나는 절에도 민폐만 끼치는 존재일 뿐이었다. 어디에도 나를 고쳐 줄 사람은 없었다. 진실한 치유자도 없었다. 나는 절망했다. 다시 집으로 돌아온 나는 이불 속으로 들어가 누웠다. '이렇게 누운 채로 죽으면 편할 텐데. 사는 것도 죽는 것도 어렵구나.' 삼시 세끼 엄마가 차려준 뜨신 밥을 먹고 매일 저녁 엄마와 함께 운동장을 돌았다. 어쩌다 마라톤 대회에서 참가 기념 메달도 받아왔다. 어쨌거나 나는 살아있었다.

100일의 마법

죽음만을 생각하며 산 지 1년이 가까운 시간이 흘렀다. 고장 난 뇌의 회로 때문에 '어떻게 죽을 것인가?'만을 고민하며 살아왔지만 나는 여전히 살아있었다. 나는 겁이 많았다. 뛰어내릴 수도, 손목을 그을 수도 없었다. 죽기만을 바라며 사는 삶. 아무런 존재가치도 남아있지 않은 삶을 종결할 용기조차 없는 자신에 지친 나는 누워만 있었다. 그렇게 누워만 지내던 어느 날 희미한 목소리가 들렸다. '죽어지지 않으니 살아야 겠어.' 누워만 있어도 배는 고파왔고 나는 죽음을 생각하면서도 엄마가 차려주는 세끼의 밥을 꼬박꼬박 먹었다. 나는 절대로 죽지 못할 테고 이대로라면 목숨이 다할 때까지 지옥 같은 삶이 영원히 지속될 것이었다. 그건 끔찍한 일이었다. 죽든가 아니면 제대로 다시 살아보든가. 나에게 남은 옵션은 두 가지 뿐이었다. 죽을 용기가 없는 나는 후자를 선택할 수밖에 없었다. 다시 살기로 결심했지만, 현실은 막막했다. 죽음만으로 가득 차 있던 생각이 갑자기 짠하고 긍정적이고 진취적으로 변화할 리는 없었다. 집 앞 슈퍼에 나가 물건을 사는 것조차 자신이 없었다. 모든 사회적 연결고리가 끊긴 채 짐승처럼 살아왔는데 인제 와서 내가 무엇을 할 수 있단 말인가? 그때 내 안에서 작은 목소리가 스쳐 지나갔다. '108배를 해보자.' 108배를 하면 업장이 소멸되고 원하는 삶을 살 수 있게 된다는 걸 들은 게 기억이 났다. 아무것도 할 수 없지만 멀쩡한 몸뚱이가 있으니 절은 할 수 있다는 생각이 들었다.

100일 기도를 올린다는 생각으로 100일 동안 108배를 해보기로 했다. 나는 살아야만 했고, 살기 위해서 뭐라도 해야 했다. 2011년에 마지막 포스팅을 올렸던 네이버 블로그를 다시 열었다. 나는 100일 동안 절을 했고 그 여정을 기록해 나갔다. 108배를 시작하고 난 뒤 생각보다 강력한 변화가 찾아왔다. 108배를 하며 땀을 흘린 뒤에는 우울하고 무거운 감정이 사라지고 개운한 느낌이 남았고, 작은 일이라도 해냈다는 성취감은 자신감이 되었다. 나는 달리기와 복근 운동을 시작했고, 좋아했던 요가를 다시 시작했다. 108배라는 사소한 행동이 나비효과처럼 다른 긍정적인 행동들을 불러왔다. 블로그에 쓰는 일기의 마지막에는 오늘 있었던 감사한 일들을 적는 '감사 일기' 코너가 생겼다. 감사 일기를 쓰며 절망만 남은 것 같은 삶에도 아름답고 따뜻한 풍경이 존재하고, 감사할 만한 일들이 넘쳐난다는 것을 알게 되었고 나는 죽음이 아닌 삶을 바라보게 되었다. 지금 돌아보니 나의 존재(본질, 영혼)는 나를 치유하는 데 필요한 게 뭔지 다 알고 있었다. 마치 신데렐라에 나오는 요정 아줌마처럼 나의 존재(본질, 영혼)는 나를 변화시키는 데 필요한 모든 것들을 마련해 주었다. 적절한 시점에 '이걸 해봐'라고 속삭였고, 내가 봐야만 하는 책 앞으로, 내가 만나야만 하는 사람 곁으로 나를 데려갔다.

어느 날 매일 가던 도서관의 책장에서 『가브리엘 로스의 춤 테라피』라는 책을 발견했다. 춤을 통해 자신과 다른 사람들의 몸과 영혼을 치유하는 이야기가 나의 가슴을 쾅쾅 두들겼다. 다시 태어난다면 춤을 추는 사람이 되고 싶다고 생각했다. 아름다운 몸으로 춤을 추며 산산이 조각난 영혼을 이어 붙이고 새처럼 날아오르고 싶었다. 빛나는 조명 아래서 온몸으로 내가 살아있음을 표현해내고 싶었다. '다시 태어난다면' 나는 춤을 추는 길을 선택할 거야. 춤을 추는 사람. 무용수. 안무가. 그런 건 아무나 할 수 있는 게 아니라고 생각했다. 아름다운 신체를 타고나고 무용의 길을 지원해 줄 수 있는 빵빵한 집안에 태어났다면 시도해 볼 수도 있겠지만, 그렇지 않다면 다시 태어나지 않는 한 쳐다볼 수도 없는 일이라고 여겼다. 그런데 나 죽었다가 다시 태어났잖아! 다시 태어난 거 맞잖아! 불가능해 보이는 일에 붙이는 조건이 충족되었으니 불가능한 일이 가능해 졌다. 내가 추고 싶은 춤은 그냥 안무를 따라 하는 방송 댄스 같은 건 아니었다. 우연히 보게 된 피나바우쉬에 대한 영화. 그 영화 속의 춤처럼 살아있는 춤을 추고 싶었다. 지옥 같은 어둠을 경험한 내가 살기 위해 추는 춤은 그렇게 강렬한 것이어야 했다. 마산에서 현대무용을 가르치는 곳은 몇 군데 없었다. 시장 골목을 지나 작고 오래된 건물 지하에 있는 현대무용학원의 문을 두드렸다. 핏기 없는 하얀 피부에 짙은 눈썹. 쌍꺼풀이 진 크고 검은 눈. 거미처럼 긴 팔다리를 가진 남자 선생님이 나를 맞았다. 선생님은 패션디자이너 앙드레김 같은 간드러진 서울 말씨로 왜 다른 댄스도 많은데 하필 현대무용을 배우려 하는지 물었다. 어리지도 날씬하지도 않은 여자애가 여기에 있는 것이 의아하다는 표정이었다. 작은 학원인지라 일반인을 위한 클래스가 따로 마련되어 있지 않았고, 나는 무용과 진학을 준비하는 입시반에 들어가야 했다. 선생님은 첫 수업이 시작되기 전 레오타드(발레 연습복)와 레깅스를 준비하라고 하셨다. 일 년 동안 우울증에 빠져 지내며 10kg이 늘어난 내가 온몸이 적나라하게 드러나는 레오타드를 입은 모습은 우스꽝스러웠다. 하지만 그것 때문에 내가 한 결심을 꺾을 수는 없었다. 나는 눈을 질끈 감고 녹색 레오타드에 몸을 쑤셔 넣었다. 포인, 플렉스, 쁠리에, 드미쁠리에…. 수업이 시작되면 생전 처음 들어보는 발레 용어들과 함께 우아한 몸짓으로 발레 스트레칭을 하며 다리를 찢었다. 그리고 나선 현대무용에서 필요한 기술들을 끊임없이 연습했다. 바닥에서 재빠르게 몸을 굴리듯 움직이는 법, 사슴처럼 우아하고 높이 점프하는 법. 미끄럽게 잘 빠진 물개 같은 두 명의 입시생이 화려하게 동작들을 해내는 동안 나는 뚱뚱한 바다표범처럼 뒤뚱거리며 겨우겨우 동작을 따라 했다. 그렇게 어려운 동작을 따라 하며 온몸을 던지는 동안에도 머릿속에선 여전히 습관화된 끔찍한 생각들이 쫓아왔다.

그 생각들에 붙잡히지 않기 위해서 나는 뛰고 또 뛰며 살기 위해 춤을 췄다. '몸, 춤, 땀! 몸, 춤, 땀!' 움직이는 동안에도 생각이 떠오르면 세 가지 단어만 계속 외쳤다. 나를 살릴 수 있는 건 몸이고 춤이고 땀이다. 그렇게 2시간을 몸을 굴리고 나면 생각의 무게는 훨씬 가벼워져 있었고, 무용을 시작한 지 1달 만에 7kg가 빠졌다. 몸과 마음이 가벼워 지기 시작하면서 거울 속 내 모습을 다시 마주할 수 있게 되었다. 어딘가 시키면 곳을 바라보던 멍한 눈이 반짝반짝 되살아나 세상을 바라보고 있었다. 무용학원은 나에게 병원이었고, 춤을 추며 흘리는 땀은 그 어떤 정신과 약보다 효과적인 치료제였다. 그 시간 동안은 검게 칠해진 나의 과거도 막막하기만 한 미래도 없었다. 오로지 숨 쉬며 움직이고 땀을 흘리는 나의 몸. 아름다운 몸짓을 하는 나의 몸. 지금, 이 순간 살아있는 나의 몸이 있었다.

다시 살아보겠다는 결심을 하고 시작한 108배와 현대무용은 나를 180도 바꾸어 놓았다. 100일이 채 지나 지기도 전에 나는 건강한 몸을 되찾았고, 죽음만을 생각하던 뇌는 삶을 생각하고 미래를 꿈꾸고 있었다. 솔직히 깊은 암흑에서 빛으로 나오는 길은 힘들고 고독했다. 108배 따위가 무슨 소용이 있겠어. 또 무너지면 어쩌지. 하루에도 수십 번 의구심이 들었고 어떤 날은 와장창 무너져서 다시 일어날 수 없을 것 같기도 했다.

부모님은 뜬금없이 현대무용을 배우겠다는 나를 의아하게 생각했고 나조차도 동작 하나 제대로 따라 하지 못하면서 입시생들 사이에 끼어 있는 게 부끄러웠다. 하지만 어떤 생각과 감정이 찾아오든 매일 108배를 했고, 일주일에 3번 빠짐없이 무용학원에 드나들었다. 그렇게 작은 희망으로 버틴 지난한 하루하루가 변화를 만들어냈다. 그동안 나는 한 번에 나를 고쳐 줄 수 있는 방법을 찾아 헤맸다. 어떤 신비한 힘을 지닌 힐러가 나타나 머리를 손에 얹어주면 갑자기 우울증에서 벗어난다 거나, 뛰어난 정신과 의사가 나를 고쳐 준다 거나. 그런 마법을 기대했지만, 마법을 애기하는 사람들은 사이비였고, 나를 이용해 돈을 벌 궁리만 하는 사기꾼이었다. 수많은 종교도 정신과 약도 나를 고칠 수 없었다. 나를 고칠 수 있는 건 나 자신 뿐이었다. 나는 깨달았다.

　마법은 거창한 것이 아니라 아주 사소한 행동에서 출발한다는 것을. 스스로 자신을 치유하겠다고 결심하고 변화를 위한 작은 행동을 믿음으로 해 나갈 때 내 몸 안에 봉인되어 있던 마법이 깨어난다. 아무리 우울하고 무력할지라도, 망가져서 회생이 불가한 것처럼 보일지라도 포기하지 말 길 바란다. 당신 안에 마법이 있다. 그리고 그 마법을 일으키는 열쇠는 당신의 손에 있다. 눈을 감고 지금 당장 할 수 있는 일 한 가지만 떠올려보라. 그리고 그 일을 100일 동안 꾸준히 해보라. 지지부진해 보이는 오늘의 작은 행동이 마법을 일으키는 신비한 주문이다.

감각 수집가

눈을 감고 허공을 향해 손을 뻗었다. 따스한 햇살과 차갑고 신선한 바람이 손끝을 스친다. 그리고 눈을 뜨고 울타리 앞에 심어진 키 작은 덤불의 작고 여린 잎 하나를 부드럽게 어루만졌다. '나는 살아있고, 느낄 수 있다.' 그 사실에 가슴이 벅차 올랐다. 대로변 횡단보도 앞 작은 화단 앞에서 한참을 울었다. 다시 살기로 결심하고 세상에 나온 나는 정말로 갓 태어난 아기 같았다. 아기들이 눈을 뜨고 처음으로 보는 세상은 흑백이다. 점차 빛에 적응하면서 흐리게 보이던 세상이 선명하게 변하고 흑백의 세상이 총천연색으로 변한다. 어둠에 갇혀 있던 나의 세상은 문자 그대로 회색 빛이었다. 은유가 아니다. 그 시절엔 세상에 색이 없는 것처럼 뿌옇고 어두워 보였다. 생각이 만들어낸 세상에 눈을 빼앗겨 이 세상을 바라보는 눈이 점점 어두워졌기 때문이다. 자신을 스스로 치유하기로 결심한 이후에도 생각의 소음은 여전히 나의 시선을 끌기 위해 애를 썼다. '너 따위 죽어야 해.' '그렇게 망가졌는데 인제 와서 변할 수 있겠어.' 마치 고장 난 라디오처럼 똑같은 말만 반복하는 생각 속 시커먼 존재의 입을 다물게 할 방법은 뭘까? '마음만 고쳐 먹으면 되지.' 부모님은 말했다. 하지만 긍정적인 메시지를 전하는 책을 읽고 그런 생각을 하려고 노력해 보아도 그게 지속되는 순간은 그 순간 뿐이었다. '왜 나는 마음을 고쳐 먹었는데 계속 이런 생각만 날까.' 그 방법은 오히려 자신을 자책하고 더 큰 괴로움에 빠지게 했다. 그러다가 어느 날 생각이 사라지는 순간은 생각이 아닌 감각에 온전히 집중할 때라는 것을 알게 되었다. 좋은 생각이든 나쁜 생각이든 생각은 나를 자꾸 머릿속으로 데려갔다. 하지만 내가 지금, 이 순간에 존재하는 감각들을 온전히 느낄 때 나는 머릿속이 아닌 현실로 돌아와 여기에 살아있을 수 있었다. 그 사실을 알게 된 순간부터 나는 감각을 수집하는 사람이 된 것처럼 매 순간 멈춰 서서 감각을 느꼈다. 산책하다가 멈춰 서서 눈을 감고 피부에 닿는 공기를 느꼈고, 밥을 먹을 때도 입 안에서 느껴지는 맛과 질감을 천천히 느꼈다.

자전거를 타고 돌아다니는 것은 잃어버린 감각을 깨우는데 가장 좋은 방법이었다. 나는 하루 종일 자전거를 타고 크지도 않지만 작지도 않은 마산시 곳곳을 돌아다녔다. 페달을 밟고 앞으로 나아가면 모든 것을 볼 수 있었고 들을 수 있었고 느낄 수 있었다. 카센터에서 일하는 사람들. 낡은 단독주택 현관 위에 핀 주황색 능소화. 생각보다 고고하고 화려한 진홍색 접시꽃. 구시가지에 있는 미용 상점 쇼윈도에 전시된 기괴한 실습용 마네킹. 시간이 멈춰 버린 듯 매일 같은 평상에 앉아있는 할머니. 알록달록 파라솔 아래 짠 내 나는 생선을 파는 아줌마들. 교복을 입고 재잘거리며 걸어 다니던 철길. 나는 자전거를 타고 세상을 누비며 잃어버린 모든 감각을 다시 주워 모았다.

어디에나 생이 있었다. 자신이 높든 낮든 뭐가 되었든 되지 않았든 상관없이 주어진 생을 열심히 살아내는 존재들이 있었다. 뭔가를 이뤄내지 못한 나는 살 가치가 없다고 느껴서 죽으려고 애를 썼는데, 다시 살아나 보게 된 세상은 삶의 목적이 뭔가를 이뤄내는 게 아닌 그저 살아있는 것 자체임을 보여주었다. 그 즈음 보았던 일본 영화 '비욘의 아내'에서 아내는 파렴치한 짓을 일삼는 무능력한 남편을 끝까지 감싸 안으며 말한다. '인면수심이면 어때요. 우리는 살아있기만 하면 되는 거에요.' 다시 살아보려고 생을 향해 한 걸음 씩 걸음마를 하는 내가 넘어질 때마다 이 대사가 떠올랐다. 과거는 무너졌고 미래는 보이지 않지만 나는 살아있기만 하면 되는 것이다. 살아있다 보면 어느 날 이 긴 터널을 통과해 따뜻하고 환한 빛 속에서 쉴 수 있을 것이다. '살아있기만 해도 되는 거야'라고 주문을 외우며 터널 속을 걸었다. 빛에 가까워질수록 눈에 보이는 세상의 색깔이 다채롭고 선명해 졌다. 나는 눈을 뜨고 이미 존재했지만 볼 수 없었던 세상을 만났다. 모든 것이 눈부시게 아름다웠다.

아티스트 웨이

맨 얼굴처럼 보이는 하얀 피부에 조금은 튀는 듯한 빨간 입술. 까만 긴 생머리에 키가 크고 늘씬한 미인이지만 어딘가 상처 입은 듯 차갑고 쓸쓸한 표정을 짓던 사람. 단단한 표정으로 한 마디 한 마디 씹어 말하며 던지는 시선은 조심스러웠지만 강렬했다. 그녀의 수업은 영화과에서 보낸 짧은 한 학기 동안 유일하게 좋아했던 수업이었다. 수업 시간마다 그녀가 프린트해서 나눠 준 글과 보여주었던 영화는 내면 깊은 곳을 파고들었다. 그녀는 다양한 주제에 대해 '뼛속까지 들어가' 글을 써오라는 과제를 내주었다. 어느 날은 자신이 감추어 왔던 터부를 써오는 것이 주제였는데, 많은 학생이 솔직하고 충격적인 글을 써서 읽으며 눈물을 흘려서 깜짝 놀랐다. 그녀가 쓸쓸하고 따뜻한 눈빛으로 지켜보고 있었기에 가능한 일이었다. 나는 어딘가 그녀와 내가 닮았다고 느꼈고 그녀도 그렇게 느꼈는지도 모른다. 그녀는 수업 시간에 자주 내 이름을 부르며 '나은이가 얘기해 볼래요?'라고 말해주었고, 내가 쓴 글에 따뜻한 칭찬을 아끼지 않았다. 수업은 세상의 다양성을 보여주었고, 모두가 각자의 생의 무게가 있고 그래서 함께 울 수 있다는 것을 가르쳐 주었다. 그 시간만은 어딘가 세상에 스며들지 못하고 겉도는 나도 괜찮다는 생각이 들었다.

자신을 치유하는 과정을 시작하면서 문득 그녀가 수업

시간에 나눠주었던 추천 도서 목록이 떠올랐다. 처박아 둔 전공 책과 파일들을 뒤져서 찾아낸 목록에서 『아티스트 웨이』라는 책을 발견했고, 마산 어시장 옆에 있는 백화점 지하 서점에서 딱 1권 남은 책을 사 왔다. 줄리아 카메론의 아티스트 웨이는 12주 동안 창조성을 회복하고 진정한 예술가가 되는 길을 친절하게 안내하는 책이다. 아침에 일어나 아무런 생각과 판단 없이 그저 세 쪽을 써 내려가는 '모닝 페이지'. 자기 안의 어린 예술가와 함께 재밌는 일을 해보는 '아티스트 데이트'. 이 두 가지가 아티스트 웨이에서 제시하는 창조성을 회복하기 위한 도구이다. 12주 동안, 이 두 가지를 꾸준히 하면서, 매주 제시되는 글을 읽고 과제를 하는 것이 창조성 회복 프로그램의 핵심이다. 한 주 한 주, 살아오면서 써왔던 가면을 벗고 진정한 자신의 욕구를 발굴해내기 위한 글과 과제가 주어졌다. 망망대해 같은 세상에 맨몸으로 서 있는 나. 어디로 가야 할 지 무엇을 해야 할지 하나도 모르게 되어버린 나에게 이 책이 왔고, 나는 지푸라기라도 잡는 심정으로 책을 꼭 붙들었다. 아티스트 웨이는 자신에게 질문을 던지는 과정이었다. '모든 것이 가능하다면 네가 정말로 해보고 싶은 재밌는 일이 뭐야?' '지금은 하고 있지 않지만 어린 시절에 네가 좋아했던 일은 뭐지?' '너를 기분 좋게 하는 일 20가지를 적어 볼래?' '네가 꿈을 꿀 때마다 훼방을 놓는 머릿속 검열관의 정체는 누구야?' '누가 너를 좌절 시키는 말을 했지? 미친 짓 같아 보이지만, 해보면 재밌을 것 같은 일은 뭐야?' 매주 주어지는 질문에 답을 하며 나는 나의 진실을 마주했다. '내가 좋아했던 일? 나는 혼자 상상하면서 글 쓰는 걸 좋아했지. 부모님이 공부를 잘하니까 번듯한 직업을 가지고 예술을 취미로 하라며 이과로 밀어 넣기 전까진 영화학도나 미술학도가 되길 꿈꿨지. 고등학교 축제에서 무대에 올랐던 날, 아빠의 눈빛은 싸늘했지만 나는 정말 재밌었잖아! 난 그림 그리고 도자기 만드는 걸 좋아 했어. 미술 시간엔 항상 A를 받았지. 중학교 때 영화를 직접 만들기도 했지. 요리랑 베이킹을 즐겼어.' 매일 아침 세 장의 글을 쓰며 내가 느끼는 모든 것을 쏟아내다 보면 속이 시원해 졌다. 종종 바다 표면으로 뛰어오르는 빛나는 물고기처럼 새로운 아이디어가 종이 위로 뛰어올랐다. 어느 날 아침 나는 이렇게 쓰고 있었다. '그림을 다시 그리고 싶어.' 아티스트 웨이를 통해 내가 무시해왔던 욕구가 사실은 나의 진정한 꿈을 반영한다는 생각을 배운 나는 그런 작은 욕구들을 하나씩 충족시켜 주기로 했다. 나는 걸어서 5분 거리의 조그만 동네 화실의 문을 두드렸다. 동그란 얼굴로 '하하하.' 쾌활한 웃음을 짓는 화실 선생님은 호호 아줌마가 현실에 나타난 것만 같았다. 나는 연필 소묘로 벌거벗고 웅크리고 있는 나의 모습을 그렸고, 그 당시 제일 섹시하다고 느꼈던 배우 아사노 타다노부의 털 난 가슴을 그렸다. 나는 그의 가슴 위에 내 작은 손을 그려

넣으며 사랑을 꿈꿨다. 그림을 배우러 간다기 보다 그리고 싶은 것을 그리며 얇은 선 하나하나로 면을 채워 나갔다. 그러는 동안 구멍 난 나의 일상이 메꾸어졌다. 나는 누가 시키지도 않았지만, 일주일에 한 번 간식을 만들어갔다. 동네 뒷산에서 부모님이 따오신 산딸기로 만든 산딸기 타르트, 비건 당근 케이크. 화실 언니의 요청으로 스폰지밥에 나오는 게살 버거를 만들기도 했다. 오전 11시. 그림을 그리다 출출해질 때쯤 다과회가 열렸다. 소박한 음식 하나로 화실이 수다의 장으로 변했다. 적막하고 어두웠던 나의 세상에 사람들의 온기와 웃음소리가 스며들었. '나은이는 진짜 예술적이고 귀여운 남자를 만날 것 같아. 혁오같은 스타일 있잖아.' 그런 사소한 이야기를 나눠주는 사람들이 있어서, 내 머릿속에 짊어지고 있던 죽느냐 사느냐 같은 쓸데없고 무거운 것들을 잊어버릴 수 있었다. 나는 화실이라는 따뜻하고 안전한 공간에서 세상으로 돌아오는 연습을 했다.

마음이 다시 힘들어질 때면 무조건 글을 쓰거나 그림을 그렸다. 그래도 아플 때면 노래를 불렀다. 누구도 알아줄 수 없는 내 어둠이 나를 잠식하지 않도록 어둠을 조금씩 토해내야 했다. 작사 작곡도 필요 없이, 그저 내 입에서 흘러나오는 말과 멜로디를 허공에 뱉었다. 그래도 아프면 음악을 틀고 음악 속에 몸을 던졌다. 마구 몸을 흔들어도 보고 벽에 부딪혀 보기도 했다. 살아있기 위해서 예술이 필요했다. 나를 괴롭히는 슬픔을 형상화하고 나면 슬픔이 가셨다. 지금 내 곁에 없는 가상의 인물을 만들고 그 남자와의 사랑을 소설처럼 써 내려가면 살아갈 힘이 생겼다. 비록 이곳의 나는 비참하지만, 그곳에서 나는 그와 바닷가를 걷고 소박한 아침 식사를 차려 먹으며 함께할 거야. 언젠가 만나게 될 그 사람이 나를 기다리고 있으니 이 혹독한 겨울을 견디고 살아남아야 해. 지금 내가 올려다보고 있는 별을 그 사람도 보고 있으니 나는 외롭지 않아. 허망해 보이는 상상도 간절한 이에겐 믿음이 된다. 학교 앞에서 전도하던 아줌마의 말은 틀리지 않았다. '믿으면 구원받습니다.'

    나는 『아티스트 웨이』를 성경처럼 여기며 그 안에 내 길이 있을 거란 걸 믿었다. '우리의 창조성이 신에게서 나왔고, 우주는 우리가 창조적인 욕구와 꿈을 좇기 시작할 때 우리를 있는 힘껏 지원한다.' 생전 처음 들어본 관념이었지만 나는 그걸 믿어 보기로 했다. 나의 진정한 욕구가 내 인생의 나침반이 되어줄 것이며 우주가 나를 도와줄 것이다. 믿음으로써 나는 그 누구보다 든든한 우주라는 후원자가 생겼다. 어떻게 살아야 하지? 라고 물을 때 나는 세상이 요구하는 조건을 갖추지 못한 패배자였고, 이 세상에 나의 자리는 없는 것 같았다. 그러나 어떻게 살고 싶어? 라고 나 자신에 묻기 시작하자 살길이 보았다. 세상에 나에게 맞는 자리는 없다면 그 자리에 앉으려고 애쓰지 말고 나만의 길을 찾고 내가 원하는 자리를 스스로 창조하면 되는 것이란 생각이 들었다. 나는 쓸데없고 비현실적이라 치부했던 나의 아이디어와 꿈을 무시하지 않는 법을 배우며, 내면의 작은 목소리에 귀를 기울이며 앞으로 나아갔다. 나 자신으로 돌아가는 여행이 시작되었다.

'아티스트의 길은 정신적 여정이며, 자기 자신에게로 돌아가는 순례의 길이다.'

보이지 않지만
보이는 길

신은 분명 뛰어난 시인이나 소설가인 게 분명하다. 한 사람의 인생 안에도 수없이 많은 상징과 복선을 찾을 수 있으니 말이다. 아니 어쩌면 영화의 거장일지도 모른다. 우주라는 세트장에서 자신이 빚어낸 다양한 캐릭터와 수많은 사건, 완벽한 플롯으로 한 사람의 인생을 가장 극적으로 보여주니 말이다.

우울증이었다고 말하기엔 너무 미쳐 있었던 나의 어둠을 지나 빛을 향해 나아가기 시작할 때 신은 길 잃은 어린양 같은 나를 위해 구원의 손길을 내밀어주었다. 이제는 고향을 떠나 다시 새로운 삶을 시작하고 싶다는 용기가 생겼을 때쯤 우연히 블로그를 통해 알게 된 작가님의 작업실에서 머물 기회가 주어졌다. 나는 그 하얗고 자유로운 공간에서 다시 꿈을 꿀 수 있게 되었다. 파주에 있는 예술가 마을에 있던 작업실은 산속에 있는 작은 오두막처럼 느껴졌다. 밤이면 불 켜진 방에 벌과 나방 온갖 벌레들이 찾아왔고, 슈퍼에 가려면 아무도 없는 시골길을 오랫동안 걸어야 했다. 버스정류장은 풀이 무성하게 자란 한적한 도로 옆에 있었고, 텅 빈 도로를 바라보며 한참을 기다리면 빨간 버스가 도착했다. 세상과 동떨어진 듯한 마을에 살고 있었지만, 버스를 타고 1시간이면 서울에 갈 수 있었기에 나는 자주 서울로 모험을 떠났다. 그러다가 우연히 국립 현대무용단에서 하는 일반인을 위한 무용학교를 발견했다. 현대무용을 배우며 흘린 땀과 눈물이 나의 몸과 영혼을 치유했기에 이 곳에서도 뭔가를 배울 수 있을 거라는 강렬한 끌림이 있었다. 국립 현대무용단의 무용수에게 춤을 배우다니! 설렘과 두려움을 갖고 서너 개의 클래스 중에서 제일 부담이 없어 보이는 수업을 등록했다. 첫 수업에서 만난 무용선생님은 내가 생각했던 무용수와는 전혀 다른 이미지였다. 잔근육이 있는 바짝 마른 몸에 동그란 안경테를 쓴 모습은 간디를 연상시켰다. 국립 현대무용단의 무용수에게 기대한 콧대 높고 당당한 이미지는 어디에도 없었다. 선생님은 구부정하게 쪼그려 앉아 한참을 생각한 뒤에야 느릿느릿하게 말을 이어갔다. 수업에서 배우는 것은 아주 단순한 것이었다. 선생님은 많은 설명 없이 그저 '해보세요'라고 할 뿐이었다. 우리는 걷거나 뛰고 돌았다. 서로의 손을 잡고 당기고 등을 맞대기도 했고, 그저 가만히 누워있기도 했다. 나는 동네 무용학원에서 배웠던 현대무용과는 전혀 다른 것을 배우고 있었다. 선생님은 우리가 이미 알고 있던 움직임을 다시 해보며 그것을 느끼는 법을 가르쳐주었다. 격렬한 동작을 하며 땀을 흘린 것도 아닌데 수업이 끝나고 나면 몸과 마음이 개운 해졌다. 서로의 눈을 바라보거나 몸을 맞대고 스쳐 지나갈 때 잊고 있던 따뜻함을 느끼며 가슴이 벅차 올랐다. 그곳에서 나는 단절되었던 세계와 다시 몸으로 연결되고 있었다.

몇 달 간의 수업이 끝나갈 때쯤 일반인 무용 클래스 쇼케이스를 한다는 얘기를 들었다. 우리도 여러 팀 중의 한 팀으로 공연을 하게 되는 것이다. 공연 준비라고 해도 거창한 것은 없었다. 우리는 평소처럼 걷거나 뛰고 돌았고 서로의 몸을 맞대고 자유롭게 움직였다. 선생님이 짜준 화려한 안무 따위는 없었다. 각자가 만들어 온 하나하나의 동작들이 안무가 되었다. 열 명 가까이 되는 사람들이 단체로 나오는 장면도 있었지만 둘 씩 짝을 짓거나 한 사람이 무대에 서야 하는 때도 있었다. 나는 아주 짧은 부분이지만 솔로로 무대에 서게 되었다. "눈앞에 보이지 않는 줄이 있다고 생각하고 그 위를 걸으세요." 선생님의 지시는 그것 뿐이었다.

드디어 공연하는 날이 되었다. 나는 보이지 않는 줄을 보며 걷는 연습을 했다. 연기를 배우던 한 친구가 나에게 다가와 말했다. "누나가 연습하는 거 보면서 나는 너무 꾸며 내기 위해 애썼다는 생각이 들어. 누나는 진짜 보고 있는 거 같아."

공연이 시작되었다. 시커먼 블랙박스에 하얀 조명이 켜졌다. 무대 위의 우리는 남극의 펭귄 떼처럼 등을 맞댄 채 한 덩어리로 뭉쳐 있었다. 갑자기 어디선가 아이가 소리를 질렀고 키득키득 저절로 웃음소리가 나왔다. 갑작스럽게 터진 웃음소리도 공연의 일부로 스며들었다. 아주 유연한

틀 속에서 우리는 즉흥적으로 움직였다. 때로는 함께 때로는 둘이 손을 잡고서 만났다가 헤어지다가를 반복했다. 우연을 가장한 필연이 우리를 만나게 했고, 주어진 인연이 끝나면 망설임 없이 떠나야 했다. 무대 위의 움직임은 인생의 축소판 같았다.

   사람들이 빠져나간 자리에 나 혼자 남는 순간, 내 발 밑에는 보이지 않는 줄이 보였다. 나는 사람들에겐 보이지 않는, 그러나 내게는 보이는 줄 위를 걸어가고 있었다. 휘청휘청 때로는 위태로워 보였지만, 떨어지지 않고 한 발 한 발 그 길을 끝까지 걸어갔다. 아, 그것은 내가 살아낼 삶에 대한 상징이자 복선이었다. 나는 평생 남들은 볼 수 없지만 내게는 보이는 길을 걸어갈 것이었다. 보이지 않지만 존재하는 영혼을 느끼며 그 영혼이 그리는 춤을 추게 될 것이었다. 공연 끝엔 모두가 함께 무대에 올라 춤을 추며 무대 위를 뱅글뱅글 돌았다. 갑자기 내 몸 안에서 거대한 별이 폭발했다. 마치 우주가 창조되는 순간처럼 내 몸 안에서 떨어져 나온 강렬하고 환한 하얀 빛의 조각들이 전체로 퍼져 나갔다. 그 순간 나는 느꼈다. 우리는 모두 연결되어 있다. 우리는 하나다. 처음으로 각자의 별이지만 하나의 우주인 우리를 느꼈다.

   공연이 끝나고 가장 감동을 준 무대로 우리 팀이 선정되었다. 연기나 음악 전공 등 예술 전공들이 많이 포함된 다른 팀들의 화려한 공연이 아니라 일반인들로 이루어진 우리 팀의 공연이 사람들의 마음을 울린 것이다. 우리의 몸과 영혼이 만나 하나가 되는 순간을 관객들도 목격한 것이리라. 우리를 감동하게 하는 건 눈에 보이지 않는 것. 우리를 구분 짓는 수많은 언어 너머에 존재하는 영혼의 몸짓이다. 눈으로 볼 순 없지만 영혼이 볼 수 있는 길이 우리를 구원한다.

여행

집을 떠나온 나는 형체가 없는 물이나 바람처럼 어디든 갈 수 있었고 어디에나 스며들었다. 생각이란 필터 장치가 없어진 것처럼 내면에서 일어나는 욕구에 따라 즉흥적으로 움직이는 일이 자연스럽게 느껴졌다. 자아가 완전히 무너져 내리고 다시 태어난 나는 빈 종이 같은 존재였다. 내가 누군지 정해져 있지 않기에 나는 누구든 될 수 있었다. 처음 만난 사람과도 친구가 되었고, 한 번도 접해보지 않았던 종류의 사람들과도 쉽게 어울릴 수 있었다.

    홍대 앞을 지나다 거리에서 이국적인 음식을 팔던 남자애와 즉흥적으로 제주도로 여행을 떠나기로 했다. 지금의 내가 생각하면 미친 짓인데 그 때의 나는 그게 아무렇지 않았던 것 같다. 나는 그 애를 따라 바닷가 앞에 있는 게스트하우스에 갔고 그곳에서 또 새로운 인연을 만났다. 아무런 마음의 방어 장치가 없는 오픈 마인드의 상태인 나는 사람들의 흥미를 끌 만한 존재였다. 끊임없이 새로운 사람들이 다가왔고 그들은 나를 다음 목적지로 이끌었다. 애써 찾지 않아도 내가 갈 곳은 저절로 정해졌다. 게스트하우스에 머물며 기타를 치고 노래를 부르던 인디 가수가 배우 윤진서를 닮았다며 작업을 걸어왔고 어쩌다 보니 그의 친구들과 어울려 제주 곳곳을 돌아다니게 되었다. 사람들은 내게 친절했고 나는 그들의 친절을 기꺼이 받아들였다. 그 껑다리 인디 가수는 로맨티시스트였지만 바다에 발을 담그려 바지를

걷을 때 드러난 종아리가 나보다 가늘었다. 그 종아리를
보는 순간 사랑을 시작하려는 듯 설렘으로 빵빵하게 부푼
풍선 같은 마음에 바람이 쑥 빠져나갔다. 그는 떠나갔고
나는 게스트하우스에서 만난 청순한 아가씨 D가 일하는
게스트하우스로 함께 떠났다. 처음 머물렀던 게스트하우스
앞의 고요하고 푸른 바다와 달리 그곳의 바다는 검고
거친 파도가 몰아쳤다. 그곳에서 만나게 된 사람들은 그
바다 같았다. 세상을 등지고 자기만의 세계에서 살아가는
그들은 자신을 히피라 말했다. 나는 그들과 함께 오래된
봉고차를 타고 꼬불꼬불한 제주의 논밭을 달렸다. 그러다
도착한 소나무에 둘러싸인 한적한 바다에서 불을 피우고
텐트를 치고 밤을 지새웠다. 세상에 이런 사람도 있나
싶을 만큼 특이한 몸짓과 언어를 가진 한 남자는 일 미터가
넘는 디저리두를 불며 흥을 돋웠다. 원시시대에 살았던
집채만 한 매머드의 소리가 이럴까? 벌 떼가 윙윙대는
소리를 확성기로 확장하면 이런 소리가 날까? 설명할 수
없이 원초적인 소리가 공간의 에너지를 바꿨다. 남자들은
종이에 담배인지 뭔지 모를 풀을 말아 피웠다. 그들의
눈빛은 검고 아득했다. 그들이 보고 있는 곳은 지금 눈앞에
펼쳐진 현실이 아닌 것 같았다. 어린 시절부터 자유로운
히피의 삶을 동경했었다. 어디에도 속하지 않고 자유롭게
떠돌며 살아가는 방랑의 삶 말이다. 그런데 어쩐지 그들이
자유롭게 느껴지지 않았다. 그들은 밤처럼 그림자처럼

어두웠다. 나를 다시 살게 한 빛이 말했다. '여기는 네가 있을 곳이 아니야.'

그곳을 떠나 어디로 가야 할지 막막하던 차에 D에게 연락이 왔다. '산속에 있는 게스트하우스에서 스텝을 구한대요. 그 곳이랑 언니가 잘 어울릴 것 같아요. 한 번 연락해 보세요.'

시간이 더해지는 제주

내가 머물게 된 게스트하우스는 제주 중산간 '가시리'라는 작은 마을 깊숙이 자리 잡고 있었다. 가시리加時里. 더할 가, 시간 시, 동네 리. 시간이 더해지는 마을이라는 신비로운 이름처럼 그곳의 시간은 느릿느릿 천천히 흘러갔다. 다리를 다친 사람이 빨리 걸을 수 없듯, 마음을 다친 사람들도 빨리 걸을 수 없다. 모든 것이 치유되기까지 충분한 휴식과 돌봄의 시간이 필요하다. 그래서 일까? 게스트하우스에는 몸과 마음의 치유가 필요한 사람들이 찾아왔고, 두어 박자 늦게 돌아가는 가시리의 시간은 그들을 품고 상처를 회복시켰다.

나는 매일 아침 신선하고 맑은 산 공기를 맡으며 잠에서 깨어났다. 삐걱거리는 커다란 나무 문을 열고 들어가면 게스트들을 맞이하는 티베트풍의 카페 공간이 나왔다. 주인장의 감각대로 나무로 꾸며진 공간은 동화책에 나오는 작은 오두막처럼 느껴졌다. 창문을 활짝 열고 카페 안팎을 쓸고, 제단에 있는 향에 불을 붙이면 코를 찌르는 이국적인 향이 공간을 채웠다. 잠시 두 손을 모으고 눈을 감고 마음을 모았다. 그리고 카페에 늘 틀어져 있는 데바 프레말의 만트라 시디를 틀었다. 옴-나모- 바가바테- 뜻은 알 수 없지만 부드럽고 깊은 그녀의 목소리에 마음이 평화로워졌다. 조식 준비를 하고 객실 청소까지 마치면 오전의 일과가 끝이 났다. 자유시간이면 나는 가까운 곳에 있는 갑선이 오름에 올랐다. 내가 길을 나서면 같이 살던 개 두 마리가 어디선가 나타나 앞장을 섰다. 얼굴이 큰 하얀 제주 개와 쪼끄만 시츄 한 마리, 그리고 어디서 나타났는지 모를 동네 개 한두 마리가 어느새 따라붙었다. 오름으로 가는 길은 평화로웠다. 검은 돌로 만들어진 돌담길을 따라 귤밭이 있었고, 푸르디푸른 무밭이 있었다. 그 위로는 늘 파란 하늘이 육지보다 가까이 내려앉아 있었다. '내 마음이 저 하늘처럼 넓어지길, 무밭처럼 맑고 파랗길.' 그곳을 지날 때마다 기도했다.

나는 갑선이 오름에 있는 나무들을 사랑했다. 이리저리 휘고 뒤엉켜 있는 거친 나무들은 원초적이고 야성적이었다. 특히 비 온 뒤의 검은 나무들은 거칠게 땅 냄새를 뿜어내며 생명력을 과시했다. 그들은 나무라기보다는 원시시대에 살았던 거대한 동물들처럼 보였다. 나는 나무들을 보며 경외감을 느꼈다. 그들은 신일지도 몰랐다. 여전히 어둠에 빠져 있던 시절의 기억이 나를 덮쳐왔고, 가슴에 있는 텅 빈 구멍 같은 것이 느껴져 가슴이 쓰려 왔다. 그와 동시에 살아있는 나의 몸은 격렬하게 사랑을 원했다. 나는 사랑을 나눌 누군가가 필요했다. 그럴 때마다 나무는 나의 애인이 되어주었다. 나는 오름 정상 쯤에 있는 나무 중 가장 남성적인 나무를 꼭 끌어안았다. 그를 안고 눈물을 흘리며 내 모든 걸 털어놓았다. 그러면 나무가 나를 쓰다듬으며 대답을 해주는 것만 같았다. '괜찮아. 다 괜찮아.' 오름에서 내려갈 때 아무도 없는 음기 가득한 숲이 두려워질 때쯤이면 사라졌던 개들이 어디선가 나타났다. 나는 이곳에서 모든 생명으로부터 보호받으며 새롭게 얻은 어린 생명을 키워 나가고 있었다. 이 섬에 깃든 모든 신들이 나를 보호하고 돌보며 내가 가야 할 길을 열어주었다.

달밤의 회진

게스트하우스에는 좀 이상해 보이는 사람들이 많이
드나들었다. 다 떨어진 듯한 히피풍의 옷차림을 하고
어디든 드러눕는 사람들, 유랑하는 유럽의 집시처럼 직접
만든 장신구를 팔며 자유롭게 살아가는 사람들, 도인처럼
보이는 사람들. 이곳엔 국적과 신분이 모호해 보이는
사람들이 모여드는 곳이었다. 빨간색, 녹색, 노란색….
기분에 따라 머리카락 색을 바꾸고 '금반하'라는 이상한
이름으로 자신을 부르라는 나도 평범해 보이진 않았을
것이다. 모습은 달랐지만, 이곳에 찾아오는 사람들은
세상의 틀에서 벗어나 진정한 자신으로 살기를 원한다는
공통점이 있었다.

   진정한 자신이 되는 길에 들어선 사람들은 눈에 보이지
않지만 존재하는 영혼의 존재에 눈을 뜨게 된다. 어디선가
내면에서 자꾸만 나를 부르는 소리를 희미하게 나마 들을
수 있게 되는 것이다. 머지않아 그들은 눈에 보이지 않지만
존재하는 영혼과 접속하기 위한 통로를 발견한다. 누군가는
기도를 통해, 누군가는 요가를 통해, 누군가는 예술을 통해
이제껏 발견하지 못한 문을 열고 영혼의 길을 걸어간다.
나에겐 그 문을 열어주는 것이 춤이었다. 어느 날 내게
춤이 '일어났다.' 그것은 이제껏 알던 춤과는 전혀 다른
것이었고, 나의 삶을 영원히 바꿀 무엇이었다.

게스트하우스에 '스스로 춤'을 가르친다는 선생님이

찾아왔다. 명상에 관심이 많던 주인장의 공간인 만큼
게스트하우스에는 '명상 방'이라 불리는 커다란 홀이
있었고, 종종 그곳에서 치유 관련 워크숍이 열렸다.
스텝들에겐 그런 워크숍에 무료로 참여할 기회가 주어졌다.
나는 '스스로 춤'이라는 듣도 보도 못한 이름에 단순한
호기심을 갖고 워크숍에 참여했다. 그분은 몇 가지 단순한
동작을 따라 하게 했고 그 이후에는 몸에서 일어나는 대로
움직이면 된다고 했다. 나는 내 안에서 일어나는 격정적인
에너지를 느끼며 몸을 움직였다. 하지만 내가 의도적으로
몸을 움직이는지, 몸이 스스로 움직이는 건지는 모호했다.
그저 내 안에 있는 소용돌이 같은 것들을 분풀이하듯
풀어낸 것 같기도 했다.

그날 밤, 같이 살던 사람들과 마을에 있는 체육공원에
산책을 갔다. 체육공원이라 했지만 풀이 돋아난 커다란
공터였고, 그곳에서 커다란 노루가 껑충껑충 한 바퀴를
돌고 달아나는 것을 본 적도 있었다. 하얗고 둥근 보름달이
공터를 밝혀주고 있었다. 갑자기 낮에 췄던 춤을 다시
춰보고 싶다는 생각이 들었다. 그분에게 배운 몇 가지
동작을 한 뒤에 눈을 감고 내 몸을 느꼈다. 미약한 전기가
흐르는 듯 하더니 내 팔이 부우웅 천천히 들어 올려졌다.
내가 몸을 움직이는 게 아니라 정말로 몸이 스스로
움직이기 시작했다. 나는 몸에서 일어나기 시작한 흐름에

몸을 맡겼다. 점점 더 흐름은 강렬해 졌고 어느 순간 나는
빙글빙글 거침없이 돌기 시작했다. "돈다! 돈다.! 돈다.!"
어린 시절 벌칙으로 코를 잡고 다섯 바퀴만 돌아도 세상이
뱅뱅 돌며 어지러웠는데, 아무리 돌아도 하나도 어지럽지
않았다. 나는 하얀 보름달 아래 한참을 돌다 잔디 위에
툭 하고 쓰러졌다. 내 인생 처음으로 춤이 스스로 일어난
순간이었다. 두 명의 목격자는 늘 별스러운 행동을 하는
내가 또 특이한 행동을 한다고 생각했고, 우리는 웃으면서
숙소로 돌아갔다. 그때는 알지 못했다. 그날 밤 일어난
회전이 일으킨 작은 소용돌이가 얼마나 내 삶을 송두리째
바꿔 놓을 거대한 폭풍이었다는 것을.

고마워

우울의 늪에 빠져 후회를 곱씹으며 누워만 있던 시절에
가장 후회했던 것은 우습게도 스페인에서 짝사랑했던 일본
남자애와 자지 않았던 것이었다. 섹스 한 번도 못 해본 채
젊음을 썩히고 세상을 하직해야 한다는 사실이 한스러웠다.
몇 번이고 그날 밤으로 돌아가 그 애와 한 몸이 되어 뒹구는
상상을 했다. 그 애가 내가 살던 집에 찾아왔던 날, 독일인
플랫 메이트는 마침 여행을 떠나고 없었다. 유럽의 저녁을
밝히는 빛은 하얀 형광등이 아니라 붉은빛 작은 조명이다.
서로의 눈을 가린 채 잡기 놀이를 하고 거실에 뒹구는
손가락 인형으로 장난을 치며 민감해진 피부가 맞닿았다.
친구일 뿐이었던 우리는 순수한 아이들의 놀이를 가장한
스킨십을 하며 점점 가까워졌다. 어느새 둘은 소파 위에
포개졌다. 그가 내 속옷을 벗길 때가 돼서야 나는 이 놀이가
이대로 계속될 수 없다는 걸 깨달았다. "나 사실 처음이야.
무서워." 그는 꽤 놀란 듯했다. 그는 내 몸에서 손을 뗐고
나는 주섬주섬 옷을 주워 입었다. 뜨겁던 공기가 식고 그는
집으로 돌아갔다. 우리는 연인이 될 수 없었다. 아름다운
세비야를 함께 걸으며 서툰 스페인어로 대화를 나누며 시도
때도 없이 웃었고, 오래된 극장에서 과장된 스페인어로
더빙된 '문라이트 킹덤'을 보며 함께 졸았다. 날이 저물면
조명이 켜진 세비야의 밤거리를 따라 나를 집까지 바래다
주었다. 몇 번이고 같은 길을 맴돌며 헤어지는 시간을
미뤘던 날들은 나만의 착각이었을까. 그날 밤의 일이

있고 나서는 그의 얼굴을 제대로 쳐다볼 수 없었다. 그는 세비야를 떠났고, 나도 더 이상 그곳에 머물 수 없었다. 스페인 곳곳을 여행하며 마지막 목적지인 마드리드에 머물 때, 그에게서 일본으로 돌아가기 위해 마드리드에 있다는 연락을 받았다. 아주 짧은 이별이었다. "나에겐 이건 여름방학 같은 거였어. 이제 돌아가면 현실을 살아야 해. 정말 정말 고마웠어." 나는 그에게 주어진 한여름 밤의 꿈 속에 잠깐 함께했을 뿐이었다. 내가 그와 섹스했다면 그의 현실에 함께 할 수 있었을까? 바보 같은 후회를 하며 오랫동안 그를 그리워했다.

어둠에서 빠져나와 다시 삶으로 돌아왔을 때, 나는 내가 처녀라는 사실이 수치스러웠다. 그토록 좋아했던 애를 놓치게 된 이유가 그 때문이라는 생각에 거추장스럽기만 한 처녀 딱지를 떼버리고만 싶었다. 그러던 중 우연히 참여했던 히피 개더링에서 만나게 된 일본인 음악가에게 마음을 뺏겼다. 그는 긴 머리에 인도풍 옷을 입고 작은 북과 전자 음악 기기를 결합해 강렬한 트랜스 음악을 만들고 연주하는 사람이었다. 알 수 없는 끌림에 이끌려 그가 공연하는 클럽에 찾아갔고, 공연이 끝난 뒤 그에게 달려갔다. 모든 것이 자연스럽게 흘러갔고, 우리는 함께 그가 머물던 숙소로 갔다. 차가운 공기가 맴도는 집의 거실. 안쪽 방에선 그의 친구가 코 고는 소리가 났다. 나는 그에게 처음이라는 고백을 했고, 모든 것을 그에게 내맡겼다.
벌거벗겨진 내 위로 그의 모습이 보였다. 그는 기도하는
듯한 몸짓을 하더니 내 몸 안으로 들어왔다. 찢어지는 듯한
통증이 느껴졌다. 아프다는 나에게 몇 분만 더 하면 되니
참으라고 했던가. 무뎌지는 통증 속으로 반복적인 움직임이
지나가고 모든 것이 끝났다. 화장실에 들어가 변기에
앉으니 아래로 붉은 피가 뚝뚝 떨어졌다. 그는 다음 날 아침
인도로 떠났다. "고마워."라는 말을 남기고. 나의 첫 경험은
대단하지도 아름답지도 않았다. 나는 그를 사랑한다고
착각했고, 한동안 그를 그리워했다. 그 뒤로도 두세 명의
남자와 비슷한 섹스를 했다. 지루한 시간이 지나갈 때까지
연기하는 법을 배웠고, 차갑고 푸른 아침에 혼자 남겨지는
일에 익숙해졌다. 그들은 모두 내게 말했다. "고마워."

인도,

제주를 떠난 나는 인도로 향했다. 인도에서도 가장
위험하고 더러운 도시로 유명한 콜카타가 첫 행선지였다.
늦은 밤, 숙소로 가기 위해 택시를 탔다. 미친 듯이
빵빵거리며 전속력으로 달리는 택시 안에서 여기가
인도라는 실감이 났다. 심지어 택시 기사는 나를 이상한
곳에 내려주었고, 겨우겨우 찾아간 숙소의 침대 위에는
웬 인도 남자가 누워있었다. 도망치듯 뛰쳐나온 나는 밤새
길거리에 앉아 날이 밝기를 기다렸다. 다행히 인도의
아침은 빨리 찾아왔다. 근처 짜이 가게에서는 진한 향신료
냄새가 풍겼고, 사람들은 나와서 대문 앞을 쓸었다.
첫날부터 무시무시한 인도의 얼굴을 본 나는 에어컨이
빵빵하고 잠금 장치가 있는 비교적 비싼 숙소를 빌렸다.
방문을 잠가도 두근대는 심장은 멈추지 않았다. 도무지
밖으로 나갈 용기가 나지 않았다. 하지만 영원히 이 방에
숨어있을 수도 없었다. 문을 열고 나가 온갖 소음이
가득한 인도라는 땅에 발을 내디뎠다. 마침 홀리라는 축제
기간이어서 사람들은 거리에 색색의 가루를 뿌렸고, 온몸과
얼굴이 알록달록 물들어 있었다. 나를 휘감았던 두려움은
축제의 열기와 춤추는 사람들 사이에서 녹아 내렸다. 나는
겁 없이 그들 사이로 뛰어들었다. 규칙과 질서가 사라진
혼돈 그 자체인 이곳은 나를 자유롭게 했다. 나는 고삐 풀린
망아지처럼 온몸으로 세상에 부딪혔다. 소문처럼 무서운
일을 당할 뻔한 적도 있었다. 하지만 이곳이 신의 땅이라는

것을 증명하듯 어디를 가든 도움의 손길이 찾아왔다. 그 손길에는 자주 은근한 욕망의 시선이 따라왔다. 하지만 운이 좋았다. 나는 그들의 호의와 도움을 받으며 여행을 이어 나갔다. 히치하이킹을 해서 오토바이를 얻어 탔고, 어디서나 현지의 친구가 여행가이드가 되어주었다.

인도여행의 마지막 목적지는 폰티체리에 있는 '사다나 포레스트'라는 공동체였다. 사막에 나무를 심는 일을 하는 공동체에는 전 세계의 젊은이들이 모여들었다. 오지나 다름없는 그곳에서 하루 종일 육체노동을 하고, 아무도 없는 사막 한 가운데의 진흙탕에 알몸으로 뛰어들었다. 나는 무한히 자유로웠지만 여전히 외로웠다. 채워지지 않는 무엇을 채워줄 누군가를 갈구했다. 사다나포레스트에서 히치하이킹을 하면 근처에 있는 '오로빌'이라는 곳에 갈 수 있었다. 오로빌은 영성 지도자인 오르빈도가 세운 공동체이자 커다란 도시이다. 그곳에는 유럽풍의 빵집과 카페가 있었고, 모든 것이 깨끗하고 아름다웠다. 커다란 방호벽이 그 도시에 처진 것처럼 그곳에 들어서는 순간 인도의 시끄러운 소리가 들리지 않았다. 사람들은 친절하게 웃고 거리는 깨끗했다. 하지만 어딘지 이상한 느낌이 들었다. 모든 것이 가상의 세계에 지어진 허깨비처럼 보였다. 그곳에서 그를 만났다. 그는 뭔가를 찾고 있던 나를 도와주었다. 그런데 이상하게도 그랑 헤어진 뒤에도 찌릿찌릿하게 몸에 전기가 통하는 듯했고, 계속 그가 생각이 났다. 예감대로 그는 내 앞에 다시 나타났다. 내 몸이 예감했던 것은 무엇이었을까? 커다란 저택에 딸린 수영장에서 그는 내 다리를 벌렸다. 그리고 무지막지하게 커진 단단한 성기를 들이댔다. 갑작스럽게 일어난 일이었고, 나는 그를 밀쳐냈지만, 그에게서 도망치지 않았다. 알 수 없는 끌림과 두려움이 공존했다. 그날 밤, 나는 그가 일하는 건물의 옥상에서 별을 바라보았다. 그는 내 다리 사이에 들어와 몸을 놀렸고, 나는 그저 별을 보았다. 익숙한 감각을 소환했다. 아빠한테 맞을 때, 통증이 찾아올 때면 나는 내 몸과 나를 분리했다. 천장을 보거나 다른 뭔가를 보면서 고통을 잊으려 애썼다. 차가운 바닥 위에서 낯선 남자에게 눌려 다리를 벌리고 있는 몸은 내가 아니었다. 나는 또다시 내 몸을 분리했다. 다음 날 아침 아랫배가 미치도록 아프고 쓰렸다. 몸의 메시지를 들을 수 있었다면 나는 최대한 빨리 그에게서 도망쳤을 것이다. 하지만 나는 몸을 버렸고 몸의 얘기를 듣지 못했다. 나는 그가 나를 사랑하고, 내가 그를 사랑할지도 모른다고 착각했다. 나는 다른 도시로 떠났고, 고열에 시달리며 며칠을 아팠다. 몸이 회복되어 갈 때쯤 그는 내가 머물던 곳으로 찾아왔다. 그리고 온종일 섹스를 요구했다. 내 샘이 말라가고 아픔을 호소하며 하고 싶지 않다고 말을 해도 그는 막무가내로 내 안에 들어왔다. 나는 의지를 상실한 채로 그의 욕구를 충족시키는 인형 같은 존재가 되었다.
왕자의 사랑을 얻기 위해 목소리를 팔고, 겨우 얻어낸 두
발의 찌르는 듯한 통증을 감내해야 했던 인어공주처럼
사랑받기 위해서 고통과 희생을 감내해야 한다고
생각했는지도 모른다. 매일 밤 신음을 흉내 내며 천장을
바라보았다. 공허한 섹스가 끝난 뒤에 내 몸은 어딘지 붕
공기 중에 떠 있는 것 같았다. 나는 나를 속일 수 있지만
몸을 속일 수는 없었다. 한국으로 돌아온 나는 질에서
느껴지는 통증과 가려움에 병원을 찾았다. 보이지 않는
나의 몸은 심하게 상처 입었고 염증에서는 눈물이 흐르는
듯했다. 나의 몸을 버린 대가였다. 그때조차도 나는 그를
원망하지 않았다. 슬퍼하거나 분노하지도 않았다. 언제나
그렇듯 '느끼지 않는 것'을 선택했다.

진정으로 나를 사랑해주는 사람을 만났을 때 알게 되었다.
그때 내가 겪은 일은 슬프고 화나는 일이라는 것을. 내가
했던 아니 당했던 섹스는 사랑이 아니라 폭력이었음을.
내가 들어야 했을 말은 "고마워"가 아니라 "미안해"였다는
것을. 나는 나를 사랑하고 소중히 하는 게 뭔지 전혀 몰랐다.
나의 몸과 영혼을 진정으로 사랑해주는 소울메이트를
만났을 때, 내 몸은 드디어 느끼기 시작했다. 느껴주지
않았던 아픔과 슬픔이 봇물 터지듯 터져 흘러나왔다. 나는
참아냈던 소리를 지르고 눈물을 흘렸다. 그리고 처음으로

사랑과 기쁨을 느꼈다.

공방

소행성 B0S1S1에서 온 어린 공주는 지구에서 사람들을 만났다.

사람들은 열심히 일을 하고 있었다. 어떤 이는 컴퓨터 앞에 앉아 하루 종일 서류를 작성했고, 어떤 이는 무대 위에서 노래를 부르고 춤을 췄다. 그들의 모습은 달랐지만 깜깜한 저녁, 똑같은 말을 중얼거리며 집으로 향했다.

"바쁘다. 바빠. 먹고 살기 힘드네. 밥 먹을 시간도 없고 휴일도 없어. 이렇게 열심히 일하는데 월급은 쥐꼬리야. 하루만 쉬고 싶다."

"왜 일을 하죠?"

"일을 해야 하니까 일을 하지. 일을 해야 돈을 벌 수 있고, 돈이 있어야 먹고 싶은 걸 먹고 하고 싶은 걸 하고 사랑하는 가족들과 행복할 수 있거든."

"그럼, 언제 쉬나요?"

"언젠가 일을 관두면 쉴 수 있겠지. 그땐 먹고 싶은 것도 먹고 하고 싶은 것도 하고 가족들이랑 시간도 충분히 보낼 거야."

어린 공주는 고개를 갸우뚱했다. 지금, 이 순간에도 삶이 흘러가고 있는데, 그들은 '언젠가' 삶이 시작될 거라 말했다. 창밖에선 수십 번의 계절이 바뀌고 아이들은 자라나고 있었다. 하지만 일을 하느라 바쁜 그들은 그것을 볼 여유가 없었다. 몸이 아프고 마음이 아파도 쉴 자격은 주어지지 않았다. 하루라도 쉬기 위해선 누군가의 허가가 떨어져야 했다. 이제는 아파서 일어날 수 없을 정도로 망가졌을 때야 그들은 쉴 권리를 얻었다. 젊음과 건강과 사랑하는 아이들이 떠나간 다음에야 그들이 그토록 기다렸던 시간이 주어졌다. 하지만 이제 그들은 뭘 하고 싶은 지 뭘 할 수 있는지 알 수 없었다. 그제야 묻는다. "난 무얼 위해 살았지?"

사랑하는 사람을 만나고 춤과 명상을 통해 몸과 마음이 회복되어 가면서 나도 세상에 스며들어 내가 할 수 있는 일을 찾아야 한다는 의무감을 느꼈다. 하지만 내가 전처럼 죽지 않기 위해서는 이전과는 다른 방식의 일을 해야 한다는 것은 확실했다. 우주는 항상 우연을 가장한 필연으로 나를 새로운 경험으로 이끌었다. 나는 우연한 기회로 자급자족적인 삶의 기술을 배우며 자신만의 비즈니스를 만드는 것을 배우는 공방에 들어가게 되었다. 그곳은 농사, 생태건축, 목공, 작은 일 만들기를 통해 자급자족적인 삶을 실현하며 '적게 일하고 행복하기'가

신조인 단체였다. 그곳에서 나는 나와 비슷한 친구들을 많이 만날 수 있었다. 모두 지금까지의 삶에 한계를 느끼고 대안적인 삶을 찾고 있는 사람들이었다. 우리는 함께 몸으로 일을 하고 밥을 지어 나눠 먹으며 이제껏 경험하지 못했던 따뜻하고 진실한 소통이 이루어지는 집단을 만들어갔다. 하지만 시의 지원으로 운영되는 단체였던 만큼 단기간에 어떤 눈에 보이는 성과를 보여주어야 한다는 압박이 늘 존재했다. '적게 일하고 행복하기'라는 신조는 언젠가부터 사라졌다. 일과 외로 진행되는 작업이 당연해졌고, 그 속도를 따라갈 수 없어 떨어저 나오는 사람들이 있었다. 건축이나 목공을 하며 무거운 것을 드는 것이 버거웠지만 단체생활을 하기 위해서 하는 척이라도 해야 했다. 하지만 내 몸은 그것을 견뎌 내기 힘들어했다. 어쩌면 긴 어둠의 터널을 통과해 온 나는 조금 지쳐 있었는지도 모른다. '요양원에 들어가 쉬고 싶어.'라는 나약한 생각이 자주 찾아왔다. 나는 자주 몸이 아팠고, 종종 공방에 빠졌다. 그런 나는 관심병사 같은 처지가 되었다. 공방을 관리하는 사업단의 대표에게 불려 간 나는 이런 얘기를 들어야 했다. '요가를 할 수 있을 정도의 몸이면 그 정도는 버터낼 수 있지 않나요? 그렇게 할 거면 나가는 게 좋을 것 같아요.' 각자의 속도와 방식을 존중하며 함께 나아가는 공동체를 지향하고 있었지만, 결국 이 곳에서도 다수의 속도와 방식을 따르기를 바랐다. 1년간의 배움이 끝나고 그 결과를 보여주는 행사를 하기 위해서 모두 밤낮없이 작업을 했다. 나는 잇몸이 퉁퉁 부었고 통증 때문에 음식을 먹기도 힘들어졌다. 하지만 해내지 않으면 안 되었다. 아픈 것은 변명이 될 뿐이었다. 몸을 혹사한 것은 나 뿐만이 아니었다. 우리에게 기술을 가르쳐주고 여러모로 도움을 주었던 사업단의 동료들이 병에 걸렸다는 소식이 들려왔다. 뭔가가 잘못되었음을 느꼈다. 아프면 쉴 수 있어야 하고, 아니 아프기 전에 쉬었어야 했다. 겉보기엔 이상적이고 아름다운 것 안에도 커다란 모순이 존재함을 목격하는 순간이었다. 1년을 버텨낸 대가로 자립지원금을 받았다. 나는 혼란스러웠고 어디로 가야 할지 알 수 없었다. 하지만 어디로든 움직여야 했다. 건강하고 행복한 자립을 위해서 내가 할 수 있는 일은 무엇일까? 고심 끝에 사랑하는 연인이 있는 서울을 떠나 다시 고향으로 향했다.

요가원

머리가 아닌 몸으로 살기 시작한 이후 치유와 성장에
필요한 경험들이 스스로 나에게 다가왔다. 예전처럼 뭔가를
애써서 찾아낼 필요가 없었다. 몸을 깊이 느끼고 몸에
솔직해 질수록 나는 우주와 강하게 연결되어 있음을 느낄
수 있었고, '동시성'이라 불리는 현상들을 자주 목격했다.
내가 어떤 의도를 가질 때, 우주 전체가 움직여 나의 의도를
반영한 현실을 창조해냈다. 때때로 우주는 내가 계획한
것과 전혀 다른 방식으로 나의 길을 열어주었다. 그 길은
길고 고통스러워 보이기도 했다. 하지만 험난한 길을
통과한 후에 알게 되었다. 그를 통해 얻은 경험이 가장
나에게 필요했던 것이었음을.

공방을 수료하고 고향에 내려와 얼마간의 사업자금으로
지역사회의 농산물을 활용하는 카페를 여는 것이 나의
프로젝트였다. 작은 자본으로 충당할 수 있는 공간을 찾기
위해 이리 뛰고 저리 뛰고 발품을 팔았고, 정말 저렴한
공간을 찾을 수 있었다. 하지만 그게 끝이 아니었다. 카페를
만들기 위해서 해야 할 일들은 산더미 같았고, 엎친 데
덮친 격으로 또다시 아빠와의 갈등이 불거졌다. 상상하고
싶지 않은 장면들이 눈앞에서 재현되었다. 붉으락푸르락
일그러지는 얼굴로 나를 보며 소리치고, 걸핏하면 손이
올라가는 아빠를 보며 좌절감을 느꼈다. 나는 아빠의
반대를 무릅쓰고 이 일을 해낼 만큼 간절하지 않았다. 내

깜냥은 거기까지 였다. 카페를 열겠다는 거창한 포부를
접고 나는 백수가 되어 사람들의 발길이 끊긴 구 시가지를
돌아다녔다. 예쁜 홍차 가게에서 차를 마시고 있을 때,
옆자리에 앉은 여자들의 얘기 소리가 들려왔다. "나 요즘
요가 배우고 있는데 너무 좋아." 안 그래도 멈추었던 요가
수련을 다시 시작하고 싶었던 터였다. 바로 옆자리로
가서 그 요가원이 어디인지 물어보았고 며칠 뒤 그곳을
찾아갔다. 요가원은 성매매업소들이 늘어서 있는 거리
바로 옆에 있는 낡고 허름한 건물 꼭대기에 있었다.
위치도 애매하고 시설도 오래되어 보였지만 일단 체험
수업을 해보기로 했다. 아빠뻘로 보이는 각진 얼굴의 남자
선생님의 첫인상은 그리 좋지 않았다. "앉아." "비틀어."
수업은 시종일관 반말로 진행되었다. 반말로 하는 수업도
처음이라 놀라웠지만 일반적인 요가수업과 전혀 다른
점이 한 가지 더 있었다. "움직여. 계속 몸을 움직여."
선생님은 동작하는 동안 멈추지 말고 계속해서 몸을
흔들거나 돌리거나 8자로 움직이면서 에너지를 깨우라고
말했다. '바로 여기다. 여기가 내가 찾던 곳이다.' 춤을
통해 에너지를 깨우는 법을 알게 된 나는 여기에 내가
찾던 배움이 있다는 것을 직감적으로 알아차렸다. 그 뒤로
매일매일 요가원에 드나들었다. 서울 요가원에서처럼
수업마다 달라지는 화려한 동작들은 없었다. 선생님은 매일
단순한 동작을 반복하게 했다. 하지만 그 어느 때보다 나의

에너지는 강렬하게 깨어났고, 수업마다 치유가 일어남을
느꼈다. 때로는 스마트폰을 열심히 들여다보시며 "앉아."
"일어나." 성의 없이 수업하시는 듯했지만, 이상하게
선생님의 수업을 받고 나면 목욕재계를 한 것처럼 몸이
시원해졌다. 그 시간 동안 나의 에너지를 온전히 느끼며
그 에너지에 몸을 맡기고 흘러간 결과 '에너지 샤워'를 할
수 있었다. 수업이 끝나고 사바 아사나를 하며 누워있을
때도, 깨어난 에너지는 계속해서 흘렀고 풀어야 할 것을
풀어냈다. 어느 날은 고질적으로 아팠던 턱관절에 에너지가
뱅글뱅글 돌았고, 나는 입을 벌린 채 계속 턱을 돌려야
했다. 그날은 수업이 끝나고 난 뒤 눈물이 참을 수 없이
흘러내렸다. 나는 수업이 끝나자마자 건물 사이로 들어가
참았던 눈물과 가슴 속의 울음을 쏟아냈다. 마침 비가
내리고 있었다. 내 몸은 내가 전생과 현생에서 풀어야
했을 무엇을 풀어내고 있었다. 모든 것이 풀려나가고 씻겨
나갔다. 나는 점점 더 자유로워졌다.

    나의 내면에서는 치유가 일어나고 있었지만, 눈앞에
보이는 현실은 변하지 않는 것처럼 보였다. 아빠는
걸핏하면 내게 자신의 분노를 투사했다. 나는 이 집에
있으면 안 되는 사람 같았다. 마음이 힘들어질 때면
요가원을 찾았다. 수업이 없는 시간에도 요가원은 열려
있었고 자유롭게 수련을 할 수 있었다. 나는 아무도 없는
요가원에서 만트라 음악을 틀어 놓고 춤을 췄다. 에너지는

깨어났고 나는 뱅글뱅글 끝없이 돌았다. 세상은 끝임없이 돌고 있지만, 나는 나의 중심에서 선명하게 깨어서 모든 것을 바라보고 있었다. 춤을 추며 그 중심에 있는 존재가 나임을 기억해냈다. 어떤 날은 수련이 끝난 뒤 요가원에 있는 거울을 무심히 바라보았다. 아직은 소녀에 가까워 보이는 자그마한 여자가 홀로 삶의 무게를 짊어지고 힘겹게 살아왔구나. 그 거울 속의 존재를 한걸음 떨어져서 바라보니 애잔한 마음이 들었다. 나이면서 내가 아닌 듯한 그 존재의 눈을 깊이 바라보던 중 갑자기 내가 그 무엇도 아닌 '전체'가 되는 느낌이 들었다. 거울 속의 나와 그 앞에 앉은 나, 그 모든 것이 존재하는 공간 전체를 높은 곳에서 바라보는 듯한 느낌이 들었다. 그 순간 나는 이 모든 것을 창조한 신의 시선으로 이 순간을 바라보고 있었다. 느낌은 말했다. '내가 이 삶을 창조하는 신이고 우주이다.' 집에 돌아가도 마음 붙이고 쉴 수 있는 곳은 없었고 사랑하는 사람은 먼 곳에 있었다. 나는 매일매일 작은 전투를 치르듯 살아가고 있었다. 하지만 텅 빈 요가원에서 홀로 요가를 하고 춤을 추고 나만의 명상을 하는 시간 동안 나는 무한히 깊어지고 넓어지고 있었다. 나의 내면이 변화함에 따라 변할 것 같지 않던 현실도 조금씩 움직이기 시작했다. 내 가슴 깊은 곳에서 일어난 폭발은 현실을 아주 미세하게 흔들었다. 그리고 점차 오래된 현실의 벽이 깨지고 무너지고 새로운 현실이 모습을 드러냈다.

꿈꾸는 나비 (하 1)

'배우를 찾습니다.' 구도심의 오래된 골목 사이를 걷다가 우연히 발견한 포스터에 발길이 멈췄다. 뭔가를 정말 원하는지 아닌지 아는 방법은 아주 단순하다. 영혼이 원하는 일이라면 고민을 시작하기도 전에 몸이 먼저 그것을 향해 움직이고 있다. 나는 바로 포스터 아래에 있는 전화번호로 전화를 걸었다. 왜? 라고 묻기도 전에 이미 나는 그곳에 뛰어들었다. 감히 펼쳐볼 수 없었던 오래된 꿈의 페이지를 과감하게 펼치니 상상할 수 없었던 경험들이 눈앞에 펼쳐졌다. 내가 찾아간 곳은 지방의 작은 극단이었지만 많은 것들을 배울 수 있었다. 취미 삼아 연극을 하는 중년의 여인들과 연기자의 꿈을 키우는 고등학생들, 그리고 이제 갓 서른이 된 나는 소수정예로 알찬 연기 수업을 받게 되었다. 말하는 법, 걷는 법, 움직이는 법. 심지어 서 있는 법까지 모든 것을 새롭게 익혀야 했다. 대본을 통해 감정을 표출하고, 내 안에 있는 또 다른 모습을 끄집어내는 작업은 엄청난 카타르시스를 느끼게 했다. 나는 점점 연극의 세계에 빠져들었다. 지방의 극단에서는 젊은 배우를 구하기가 힘들어 고심하고 있던 차였다. 그런 상황에서 극단에 찾아간 나에겐 자연스럽게 많은 기회가 주어졌다. 나는 몇 달이 되지 않아 무대에 설 기회를 얻었고, 보수를 받으며 배우로서 일하기 시작했다.

겉으로 보기엔 화려하고 멋진 세계. 하지만 그곳에 발을 깊이 들일수록 빛이 들지 않는 곳에 짙게 깔린 그림자를

보게 되었다. 이곳은 '일 중독자'가 되지 않으면 살아남을
수 없는 곳이었다. 모두 쉴 틈 없이 일을 해야 먹고 살 수
있다고 했고, 실제로도 그런 것처럼 보였다. 지방의 작은
극단을 꾸려 나가기 위해서는 국가의 예술지원사업에
선정이 되어야 했고, 그러기 위해서 연출과 배우는 밤새
기획서를 썼다. 그렇게 밤새워 일하고 나서 낮이 되면
배우들은 바로 훈련에 투입이 되었다. 극단의 주축인
남자배우의 주식은 벤티 사이즈 아이스 아메리카노와
담배였고, 그의 겨드랑이엔 늘 업무를 위한 노트북이 끼어
있었다. 어쩌다가 몸이 아파 연습에 빠지게 되면 '아픈
것도 죄야. 자기관리를 못 한 거니까.'라는 얘기를 들었다.
아파도 버텨내고 단체를 위해 희생하는 것이 여전히
미덕으로 여겨졌다. 자연 속에 있기 좋아하고 여유를
사랑하는 나. 사랑에 푹 빠져 있는 나는 이곳 에서도 현실을
모르는 외계인 같은 존재였다. 여기서 살아남기 위해서는
나의 본모습을 숨겨야 했다. 하지만 전처럼 도망가고 싶진
않았다. 어떻게든 버텨내서 알아내고 싶었다. 나의 꿈이
어디까지 갈 수 있는지를.

꿈꾸는 나비 (하 2)

그와 나의 연애는 우리 집에서 환영 받지 못했다. 나이도 많고 안정적인 직장에 다니지 않는 그는 여러모로 부모님이 생각하는 기준에 맞지 않는 사람이었다. 아빠의 반대는 점점 극심해졌고 집에서는 그와 통화를 하는 것조차 불가능해졌다. 한 달에 한 번 그가 내가 있는 곳으로 올 때면 우리는 007작전을 수행하듯 비밀스러운 만남을 가졌다. 다행히도 좋은 핑계가 생겼다. 나는 극단 연습이 늦어졌다는 핑계를 대며 밤늦도록 그와 함께 있었고, 일찍 요가원에 가서 혼자 수련하겠다며 새벽같이 집을 빠져나왔다. 서늘한 아침 공기를 마시며 그가 있는 모텔로 달려갈 때의 기분은 세상에서 제일 달콤하고 맛있는 것을 숨겨놓고 몰래 먹는 기분이었다. 누가 볼까 두근두근하지만 억누를 수 없는 열정이 나를 그를 향해 달리게 했다. 애틋한 만남 뒤론 얼음장 위를 걷는 듯한 위태로운 일상이 이어졌다. 집은 나에게 안전한 곳이 아니었다. '이 집에선 이 집의 룰을 따라야 한다.' 그 법을 어기면 폭력이 뒤따랐다.

 어느 날 아주 상징적인 사건이 일어났다. 여기에 있는 한 나는 살아있을 수 없다는 강렬한 메시지를 주는 사건이었다. 나의 몸은 또다시 폭력 앞에 힘을 잃었고, 나의 존엄과 생명은 짓밟혔다. 나는 짐을 싸서 집을 나왔다. 다시는 이곳에 돌아오지 않으리라. 가장 빠른 버스를 타고 그의 집으로 갔다. 슬프지 않았다. 스케치북에 내가 살고 싶은 집을 그렸다. 녹색 소파가 있고, 사랑하는 그와 나,

그리고 우리의 아기가 꼭 껴안고 있는 그림을 그렸다.
다음날은 그와 함께 자전거를 타고 아름다운 자연을 보러
다녔다. 슬퍼하며 주저 앉아있을 새가 없었다. 우리는
극단 근처에 있는 보증금 100에 월세 10만 원 짜리 집을
찾아냈다. 그는 나의 이사를 도왔다. 그가 챙긴 작은
캐리어엔 숟가락 2벌, 쌀 한 봉지, 캠핑용 식기와 라면, 그가
오랫동안 모아둔 500원짜리 수백 개가 들어 있었다. 그날
밤 우리는 오래된 빌라의 꼭대기 층에서 우리의 이사를
축하하며 케이크를 불었다. 나는 정말 행복했다. 사랑하는
사람이 곁에 있고, 나 자신으로 존재할 수 있는 안전한
공간이 있었다. 그걸로 충분했다.

곧이어 나는 연말에 있을 공연의 주인공을 맡게 되었다.
주연을 하게 되니 단역을 할 때보다 훨씬 많은 능력과
책임감이 필요 해졌다. 나는 극을 이끌고 주변 인물들을
이끌어 나가는 중심이 되었다. 예전에는 누군가가 나갈 때
따라 나가고 따라 나오면 되었지만, 이제는 텅 빈 무대에
달려 나가 그 공간을 나만의 에너지로 채워야 했다. 무대의
언어를 익히고 실수 없는 공연을 하기 위해서 끊임없이
반복되는 연습이 이어졌다. 아침에 극단에 나가서 깜깜한
저녁 집에 돌아올 때까지 빡빡한 연습 스케줄을 소화하고
집에 가서 잠에 곯아떨어지는 것이 나의 일상이 되었다.
집은 딱 잠만 자는 숙소가 되었고, 밥을 해 먹거나 집을

청소하거나 하는 일상의 일들을 챙기는 것은 아예 불가능해졌다. 고된 일정에 몸이 힘들었고, 내 안에서 일어나는 묘한 반항감과 싸우느라 마음이 힘들었다. 이때까지 내가 알던 예술은 즉흥과 영감에 의해 자연스럽게 표현되는 무엇이었다. 그러나 극단에서 추구하는 예술, 지금 내가 하는 예술은 철저하게 계획되고 끊임없는 반복으로 훈련되는 기술처럼 느껴졌다. 지원 사업 기간에 맞추기 위해서 늘 빠듯한 데드라인이 있었다. 그러니 아이디어 회의라는 것은 해외극단에서 이미 했던 것을 리서치 하는 것에 초점이 맞춰졌다. 빨리 뭔가 그럴듯한 것을 보여주기 위해서는 이미 검증된 아이디어가 필요했고, 누군가 만들어 놓은 성공작을 참고하는 게 가장 안전한 창작의 방법이었다. '여긴 내가 있을 곳이 아니야!' 여기가 아닌 어딘가를 찾는 내 안의 습관이 몸부림쳤다. 하지만 언젠가부터 내 의식 속에 자리 잡고 있던 한 장면을 기억해냈다. 하얗게 부서지는 빛나는 조명 아래에서 춤추는 내 모습. 가로등 불빛 아래서 홀로 춤추며 꿈꿨던 그 모습이 내게 말했다. '네가 있어야 할 곳은 여기야.'

한 남자는 매일 물속에 빠지는 꿈을 꾼다. 우연히 소쿠리 섬을 찾은 남자는 그곳에서 환영처럼 스쳐 지나가는 한 소녀를 본다. 서서히 잊었던 과거가 수면 위로 떠오른다. 백선이는 어린 시절 어머니를 잃고 가난한 술주정뱅이

어부인 아버지와 함께 살고 있다. 백선이와 가우리는 사랑하는 사이다. 그러나 선주이자 무당인 가우리의 엄마는 백선이와 가우리의 관계를 못마땅해 한다. 선주의 손에 의해 백선의 아버지는 죽음을 맞이하고, 백선과 가우리는 둘의 사랑을 위해 도망을 친다. 그러나 운명은 두 사람을 갈라놓고, 백선이는 벙어리가 되어 작은 섬에 갇힌다. 백선은 그 섬에서 가우리의 아이를 낳아 기르지만 결국 그 아이마저 빼앗기고 만다. 모든 것을 빼앗긴 백선은 아기가 떠나간 뱃길을 따라 바닷속으로 걸어 들어간다. 둘의 운명은 엇갈렸지만, 바닷길이 열리는 소쿠리 섬에 존재하는 시공간의 틈을 통해 서로의 존재를 느낀다.

극은 지역 설화를 바탕으로 전생과 현생을 넘나드는 애절한 사랑을 그린다. 전형적인 비극이었다. 사랑은 이뤄지지 못하고 비련의 여주인공은 물속에 몸을 던진다. 어디에나 있었고 누구나 할 수 있는 뻔한 이야기처럼 보이는 이야기가 처음엔 못마땅했다. 매일 연습, 연습, 연습…. 숨이 턱턱 막힐 듯한 스케줄 속에서 연습만 하는 내가 기계처럼 느껴 지기도 했다. 그런데 어느 날 혼자 대본을 바라보다 느낌이 왔다. 백선이의 죽음은 단순한 죽음이 아니었다. 내가 지독한 정신적 어둠을 겪고 죽음의 끝에 갔을 때, 전에는 알 수 없었던 완전히 새로운 삶이 찾아왔다. 나는 새 생명을 얻기 위해 죽었다. 백선의 죽음 또한 그래야 했다. 이

극의 주인공이 내가 되어야만 했던 이유가 있었다. 나만이
살아낸 생이 있었다.

공연이 시작되었다. 하얗게 부서지는 눈부신 조명을 보니
마음이 편안 해졌다. 그 아래에 서는 순간 모든 떨림이
멈췄다. 환한 빛 아래에서 춤추고 노래하고 뛰고 짐승처럼
꺽 꺽 소리 내는 내가 있었다. 마지막 장면에서 거친
파도로 걸어 들어가며 나는 목소리를 잃은 이가 뱃속
깊은 곳에서 내는 마지막 울부짖음을 표현해야 했다. 나는
울고 있었지만 웃고 있었다. 나를 묶고 있던 모든 사슬.
불합리하고 폭력적이고 무자비했던 생의 고리를 끊고
새로운 삶 속에서 피어나는 나를 위해, 백선을 위해, 모든
사람을 위해 가장 깊은 곳에 있는 울음을 끌어냈다. 나는
여기서 또다시 태어났다. 공연이 끝나고 밖에 나가보니
사랑하는 사람과 엄마, 동생이 기다리고 있었다. 엄마의
눈이 퉁퉁 부어 있었다. 아빠는 보이지 않았다. 나중에
엄마에게 연락이 왔다. 차에 가니 아빠가 뻘건 눈을 하고
앉아있었다고. 혼자 몰래 들어가서 보고 온 것 같다고.
잘했는지 못했는지 그런 게 하나도 궁금하지 않았다.
내 안에 흔들리지 않는 충족감이 가득 차올라 있었다.
나는 내가 그리던 그림 속으로 걸어 들어갔다. 누구도
할 수 있다고 믿어주지 않았고 나조차 믿지 못했던
꿈을 이루었다. 치유의 여정을 시작하고 한동안 내 삶의

BGM이었던 3호선 버터플라이의 노랫말이 떠올랐다. '단 한번 아름답게 변화하는 꿈. 천만번 죽어도 새롭게 피어나는 꿈.' 가슴 저리게 간절히 그 꿈을 꿨다. 죽었어도 다시 살아날 수 있다고, 사랑을 할 수 있다고, 누군가의 눈물을 닦아주고 함께 나아갈 수 있다고, 밝고 환하게 빛날 수 있다고. 거센 제주의 바닷바람을 맞으며 외로이 걷던 날에도, 아무도 보지 않는 북촌의 가로등 아래에서 홀로 춤을 출 때도 그 꿈을 꿨다. 그리고 지금 여기, 환한 조명 아래 수많은 사람의 박수갈채를 받으며 무대 정중앙에 서 있는 내가 있었다. 손뼉을 치고 환호하는 사람들 사이에 또 다른 내가 앉아있었다. 언제나 어디에서나 나를 지켜보며 이끌어 주었던 내 삶의 연출가이자 작가인 내가 무대에 서 있는 나를 바라보고 있었다. 우리는 서로를 바라보며 웃었다.

어둠을 지나는 이에게

기도하세요.
견디게 해 달라고. 일어나게 해달라고.

움직여요.
온몸을 벽에 부딪치고
죽은 듯 보이는 몸이 깨어날 때까지 춤을 춰요.

느껴요.
빛과 바람, 당신의 피부를.
보송보송한 강아지의 털에서 전해지는 온기를.
당신의 생각이 앗아가 버린 생의 감각을 되살려요.

사랑해요. 사랑을 고백해요.
얼어붙은 심장을 요동치게 하고
손을 뻗어 닿고 싶은 이에게 손을 내밀어 봐요.
거절당하면 아프겠죠. 하지만 혹시 모르잖아요?

울어요. 울어요. 울어요.
기도하며 울고
춤추고 노래하며 울어요.
바람이 손에 닿을 때
누군가와 함께 먹는 음식이 맛있다고 느껴질 때
사랑하는 이를 드디어 품에 안았을 때

아니면 또 좌절했을 때
울고 울고 또 울어요.
그 눈물이 모든 것을 씻어내고 새로운 길을 열어줄 거에요.
눈물이 지나간 젖은 땅에 서서 세상을 바라봐요.

온몸으로 느껴봐요.
생생하고 다채로운 색과 냄새, 전에는 알지 못했던 삶의 노래.
그 모든 걸 되찾으면 눈물이 흐를 거에요.
어느 날 당신은 자신을 사랑하게 될 거에요.
꿈에 그리던 아름답고 사랑스러운 여인이 거울 속에 있어요.
그땐 웃을 거에요. 그렇게 웃는 이를 알아볼 거에요.
그리고 서로를 안아주겠죠.
어둠은 말없이 밝아오고 있어요.

3부
일상이 된 신비

Long vacation

첫 주연을 한 공연을 마치고도 연말 내내 공연 일정이
잡혀 휴일도 없이 일을 하는 날들이 이어졌다. 나를
비롯한 동료들이 몸과 마음의 한계에 도달했다는 것이
눈에 보였다. 늘어질 대로 늘어진 고무줄을 팽팽하게
하려 억지로 당기면 고무줄은 끊어지고 만다. 이미 모든
에너지를 소진한 우리에게 돌아오는 얘기는 '우리 때만큼
열정과 절실함이 없다'라는 비난 뿐이었다. 마지막
공연이 끝나자마자 그의 집으로 가는 표를 끊었다. 이번엔
도망치는 게 아니었다. 모든 것을 쏟아 부었고 꿈꾸던 것을
이뤘다. 마땅히 주어져야 할 휴식과 보상의 시간을 위해
그의 집으로 향했다.

매일 아침 그와 함께 먹을 아침을 짓고 도시락을 쌌다.
그가 나가면 텅 빈 거실에서 따뜻한 햇살을 맞으며 그의
개 신이를 안고서 모닝 페이지를 썼다. 그리고 나서는
신과 함께 그의 집 뒤에 있는 작은 산의 둘레 길을 걸었다.
아침의 산은 고요했고 밝고 맑은 에너지로 가득 차 있었다.
눈이 내리는 날에도 산에 올랐다. 하얗게 덮인 길 위로
강아지의 발자국이 찍혔다. 쏴아아 - 눈보라가 칠 때
하얀 빛가루가 숲속에서 내게 쏟아져 내렸다. 경이롭고
아름다웠다. 태어나서 이런 풍경을 본 것은 처음이었다.
매일매일 이렇게만 살아도 되는 걸까? 아무것도 안 하고
이렇게 매일 방학처럼 보내도 되는 걸까? 불안하고 조급한

마음이 들 때마다 숲은 말해주었다. '가만히 있어도 돼. 넌 지금 여기에서 찬란하게 피어 있어.' 숲속의 존재들은 불안해하고 조급해 하지 않았다. 뭔가가 되려 애쓰지도 않았다. 그저 지금 여기에서 자신으로 존재하며 그들이 가진 생명력을 드러내고 있을 뿐이었다. 끊임없이 뭔가가 되기 위해 애쓰던 삶이었다. '너는 대기만성형이야. 너도 언젠가 너의 꽃을 피울 거야.' 엄마는 말했다. 나는 늘 대기 중인 씨앗 같았다. 하지만 아무리 기다려도 꽃은 피지 않는 것 같았다. 돈이 많고 유명한 예술가가 되면 꽃이 되는 걸까? 도대체 얼마나 큰 그릇이길래 서른이 되어서도 어떤 그릇인지 틀조차 보이지 않는 걸까? 그랬던 나에게 숲은 말해주었다. '지금 여기에서 너는 네 모습으로 완전하게 피어 있어.' 숲속의 이끼와 버섯, 커다란 나무와 작은 풀꽃들. 피고 지고 시드는 모든 것들이 변화하는 그 모습 자체로 완성형이듯, 나도 지금, 이 순간, 이 모습 그대로 완전했다. 나는 오래도록 기다려온 긴 방학을 온전히 누리기로 했다. 잘 먹고 잘 자고 원 없이 사랑을 나눴다. '단 한 순간이라도 자기 자신과 농밀한 사랑의 시간을 가질 수 있다면 삶에 대한 증오는 사라진다.' 아직도 책장에 꽂혀 있는 요시모토 바나나의 소설 '하치의 마지막 연인'에 나오는 대사가 떠올랐다. 소울메이트인 하치와 마오가 둘만의 비밀스러운 세계에서 사랑을 하며 자기의 영혼에 솔직해질 수 있었듯이, 나도 그와 함께하는 안식처에서 가장 나 다워질 수 있었다. 나는 나로 살아있고 그것으로 충분했다. 아무것도 하지 않고 지내는 동안 나는 우리만의 세계에서 숨 쉴 수 있는 아가미를 얻었고, 내 영혼은 날개를 달고 날아올랐다.

Aloha

1월 1일 새해를 맞이해 일출을 보려고 뒷산에 올랐다. 나뭇가지 사이로 솟아오르는 붉은 해를 보며 그에게 물었다. "새해 소원이 뭐야?" "음…. 우리 아기가 왔으면 좋겠어. 아기가 조만간 올 거라고 신호를 보내는 것 같아." 믿거나 말거나. 그의 얘기를 흘려 들었다. 아주 오래전부터 예쁘고 장난기 가득한 여자아이를 만나고 싶다고 생각하며 그림으로 그려왔었지만, 그 일을 현실적으로 생각해 본 적은 없었다. 언젠가 내가 심적으로나 경제적으로나 완벽하게 준비가 되었을 때 그 아이를 만날 것이라는 막연한 생각 뿐이었다. 구정을 앞둔 어느 날 나는 신기한 꿈을 꿨다. 나는 어둡고 음습한 폐허를 걷고 있었고, 시체를 뜯어먹을 것처럼 생긴 커다랗고 무서운 독수리 몇 마리가 보였다. 디스토피아가 있다면 아마 이런 곳이리라. 오싹함을 느끼며 그곳에 서 있는데 갑자기 작은 알에서 노랗게 빛나는 병아리들이 톡톡톡 깨어났다. 그러더니 그 작은 병아리에게서 퍼져 나오는 환한 빛이 온 세상을 채웠다. 어둡고 무서운 세상은 순식간에 황금빛으로 가득 찬 눈부신 공간으로 변했고 나는 잠에서 깼다. 그 꿈을 꾼 뒤 얼마 되지 않아 임신테스트기에서 빨간색 두 줄을 보았다. 예상치 못했던 순간에 우주는 커다란 선물을 주었다.

생명을 몸에 품고 나서 찾아온 신체적, 정신적 변화는 절대로 상상으로 체험할 수 없는 것이었다. 그 어떤 것도 상상했던 것과 달랐다. 입덧이 찾아오니 하루 종일 뱃멀미를 하는 듯 메스꺼워 일상생활을 하는 것이 불가능했다. 온몸에 힘이 쭈욱 빠져서 뭔가를 애써서 해내거나 맞서서 싸우고 싶은 욕구가 싹 사라졌다. 비가 오면 벽과 지붕, 아스팔트 도로. 인간이 자연을 허물고 지은 모든 것들이 어쩔 수 없이 자연 속에 흠뻑 젖어버리는 것처럼, 나는 저항할 수 없는 자연의 힘에 굴복할 수밖에 없었다. 다행히 입덧은 일이 주 만에 끝이 났고, 몇 주 사이에 조그만 세포 덩어리는 인간의 형상으로 변해 있었다. 내 몸 안에서 내가 통제할 수 없는 변화가 폭풍처럼 일어나고 있다는 것은 신비롭지만 두려운 것이기도 했다. 나는 임신 중기가 될 때까지 밤마다 끔찍한 악몽에 시달렸다. 배워야 할 것은 한 가지 뿐이었다. 나는 내 몸과 내 아기가 가진 생명의 힘에 모든 것을 온전히 내맡기는 법을 배워야 했다. 임신의 과정을 통해 통제하고 싶은 욕망과 두려움을 내려놓고, 모든 것을 저절로 자라게 만드는 자연에 순종하며 그 흐름에 몸을 내맡기는 법을 배울 수 있었다. 그것은 우주의 순리에 따라 살아가는 법을 몸으로 체험하고 진정한 '앎'을 얻는 과정이었다.

아기를 품고서 명상할 때마다 보이는 장면이 있었다. 주홍색과 핑크색이 섞인 노을이 지는 곳에 짙은 바다가 출렁이는 이국적인 해변이 눈앞에 아른거렸다. 직감적으로 그곳이 하와이라는 것을 느꼈다. 마음이 가 닿은 곳은 언제나 그렇듯 새로운 인연을 끌어당겼고, 나는 어느 날 하와이 전통 춤인 훌라를 배우고 있었다. 훌라 선생님의 말씀처럼 훌라가 나를 부른 것이다. 부드럽고 아름다운 하와이 음악에 맞추어 흔들흔들 골반을 흔들며 가볍게 스텝을 밟으며 노래 가사 속에 나오는 꽃, 이슬, 파도, 소중한 사람, 사랑과 같이 아름다운 단어들을 손짓과 몸짓을 통해 그려 내었다. 그러다 보면 나는 그 아름다운 자연의 일부가 되었고, 두려움과 불안도 서서히 흘러갔다. 내 뱃속에 가득 찬 물이 잔잔하게 출렁이며 아기의 몸을 간질이면 아기도 함께 춤을 췄을 것이다. 나는 막달까지 수카와 함께 훌라를 췄다. 훌라 덕분에 열 달 가까운 임신기간이 아름답고 풍요로운 하와이의 색채와 빛깔로 가득 찼다. 훌라에서 가장 중요한 것은 환한 미소였고, 하와이 사람들이 가장 소중히 하는 가치인 '알로하'를 담는 것이었다. 알로하의 뜻에 대해 찾아보다가 정말 좋은 글을 만났다. 그리고 알로하는 내가 요가와 춤 명상을 통해 알게 된 '내맡김'과 맥락을 같이 하는 삶의 가치라는 것을 알게 되었다.

'알로하'를 종종 말한다. 알로하는 태평양 군도의 '인사말'이다. 아울러 이 말은 폴리네시아적 삶의 가치를 그대로 보여준다. 알로하 뜻은 참 단순하다. 그리고 깊다.

알로하 *Aloha*는 '알로' + '하'의 구조이다. *Alo*는 함께 나눈다는 뜻이고, *ha*는 숨 즉 생명의 숨결을 말한다. 그러므로 알로하는 삶의 숨결을 함께 주고받는다, 생명의 숨결을 나눈다는 뜻이다. 알로하적 상태는 생명이 가득하고, 서로서로 이 숨을 나누는 균형 잡힌 삶을 말한다. 알로하 상태의 반대는 '하올레' 상태이다. '하'(생명의 숨)가 '올레'(~~ 없는) 상태다. 그러니까 현대인의 삶의 방식, 지칠 대로 지치고 망가진 상태, 다른 사람들로부터 고립되고, 피곤하고, 갑갑하기 짝이 없는, 긴박하고 숨이 찬 상태는 딱 하올레 그 자체라고 할 수 있다. 자연과의 단절, 타자와 숨결을 나누지 못하는 관계, 신체적으로 숨결이 막힌 상태 말이다. 생각해 보니 알로하의 '하'와 유사한 개념이 있는 것 같다. 히브리어의 루아흐 *ruah*(숨), 중국의 기*chi*, 그리스어의 프뉴마 *pneuma*, 산스크리트어의 프라나 *prana*, 영어의 에너지, 한국어의 생기 혹은 기쁨 등이 그것이다. 어쩌면 사랑 혹은 아리랑이란 말의 '랑' 같은 것처럼 보인다. 한 가지만 말하고 싶다. 알로하 상태는 마인드 컨트롤이나 긍정 심리와 같은 것이 아니란 것이다. 끌어당기는 힘과 같은 자기 주술도 아니다. 자연―타자와의 연결을 강조한다. 단지 삶을 긍정하라는 것도 결코 아니다. 그것은 감사하는 태도이다. 서로의 삶과 숨결을 나누며 누리는 향유 같은 것, 주이상스와 같은 것이다. 알로하의 뜻 | 작성자 빛마음 https://blog.naver.com/inyouwithyou/222147519075

이전의 삶을 통해 알게 되었던 것과 지금의 경험을 통해 배우고 있는 것이 신기하게도 한 가지로 통합이 되고 있었다. 나와 네가 몸으로 살고 영혼으로 살며 자연스럽게 존재할 때, 각자 내부의 생명 에너지는 넘쳐흐른다. 그 에너지가 자연스럽게 흐르며 연결될 때 우리는 기쁨과 사랑, 감사로 충만해진다. 그게 바로 Aloha고 춤이고 섹스고 명상이었다. 우주는 언제나 삶을 통해 말하고 있었다.

붙잡거나 막지 말고 흐르게 하라.
    너는 우주이고 그러므로 모든 것과 하나이다.
    지금, 이 순간 온전히 풍요를 허용하며 사랑과 감사를 느껴라.

살풀이

잘 지내냐는 말이 인사치레라는 것을 알지만 쉽게 그렇다고
답할 수 없다. 삶은 적응할 틈을 주지 않는다. 잘 지낸
날도 있지만 못 지낸 날들이 더 많다. 작은 삶 속의 작은
하루가 이렇게 힘겨워도 되는 걸까? 삶의 한 고비를
넘겼다고 생각했는데 변화하는 삶 안에서 새롭게 주어진
역할을 맡으며 나는 또다시 달갑지 않은 감정들을 느낀다.
불안, 분노, 질투, 수치심, 답답함…. 하루를 보내며 느낀
감정은 고스란히 몸에 남는다. 움츠러들고 딱딱하게 굳은
어깨, 소화가 안 되는 듯 답답한 가슴, 콕콕 찌르는 듯한
두통. 고통스러운 몸을 짊어진 나는 아주 작은 자극에도
신경질적으로 반응한다. 폭발하기 일보 직전. 남을
찌르거나 나를 찌르거나. 억압된 감정들은 칼로 변해
누구든 찌를 기세다.

음악을 튼다. 지금, 이 순간 나의 영혼이 반응하는
음악이 무엇인지는 첫 소절만 들어도 알 수 있다. 때로는
끈적끈적하고 부드러운 밤의 재즈가, 때로는 몰아세우며
감정을 폭발 시키는 강렬한 여성 보컬이 나를 이끈다.
눈을 감고 몸에서 느껴지는 미세한 감각에 집중한다. 느낌
속으로 깊이 들어가야 한다. 손바닥에서 빙글빙글 도는
전류 같은 것이 느껴지고 내 팔은 하늘로 부웅 떠오른다.
목뒤 쪽에서 정수리까지 이어진 통로로 찌르르 에너지가
흐른다. 피하고 싶은 통증이 느껴질 때 도망치지 않고

과감히 그 속으로 걸어 들어간다. 온전히 그 느낌을 느껴주면 몸은 스스로 길을 찾아 움직이기 시작한다. 두 팔은 저절로 뒤로 당겨지고 새가 날개를 펼치듯 가슴을 활짝 열어낸다. 머리를 뒤에서 잡아당기는 듯한 느낌이 들면 그 느낌에 온전히 몸을 맡긴다. 나는 목을 구십 도로 꺾은 채 한참이고 머문다. 에너지가 나를 다른 방향으로 이끌 때까지 온전히 기다려주어야 한다. 가슴에서 끅 끅 트림이 올라온다. 나는 검은 것을 토해 낸다. 어느 순간 발이 바닥에서 떨어진다. 그리고 한 발 한 발 원을 그리며 움직인다. 점점 속도가 붙고 나는 뱅글뱅글 팽이처럼 회전한다. 음악이 클라이맥스를 향해 갈 때 회전도 점점 빨라진다. 걷잡을 수 없는 소용돌이가 파도를 일으킨다. 끊임없는 회전 속에서 세상은 흐려지고 그 중심에 선명한 나만이 남는다. 나는 흔들림 없는 고요한 태풍의 중심에서 모든 것을 바라본다. 나는 우주의 중심에 서 있다. 그곳에서 내가 일으킨, 내가 창조한 모든 것을 바라본다. 그곳에서 듣는다. 나보다 큰 존재의 목소리다. 그 존재를 신이나 우주, 영혼 같은 것으로 표현할 수 있을 것이다. 뭐라고 불러야 할지 알 수 없지만 그는 내게 말한다. 그리고 나는 들리는 것을 듣는다. 그는 언제나 아주 단순하고 명확한 한 마디를 던진다. 그 말이 소리로 들리는 것도 문자로 보이는 것도 아니지만 나는 그것을 듣는다. 그 언어를 느낀다는 것이 더 정확할 것이다. 그것은 모든 번뇌를 끊는 답이다. 환희가 차오른다. 나는 웃는다. 거리낌 없이 낄낄낄 하하하 웃음이 터져 나온다. 몇 곡의 음악이 지나갔고 마지막 곡이 끝나갈 때쯤 회전이 잦아든다. 천천히 천천히 속도가 줄어들고 나는 중심에 멈춰 선다.

두통은 사라지고 뻐근했던 어깨에도 개운해 졌다. 혼란하던 마음엔 명료함만이 남았다. 나는 맑은 눈으로 다시 삶을 바라본다. 나를 짓누르던 모든 일들이 생각만큼 거대하고 괴로운 일은 아니었다. 에너지를 느끼고 춤을 추고 회전을 하는 것은 나만의 의식이다. 몸과 마음에 막힌 것들이 쌓여 나의 몸과 마음을 해치고 남을 해치는 살기가 되기 전에 나는 이 의식을 통해 그들을 풀어준다. 어쩌면 이게 살풀이 아닐까? 사람과 사물을 해치는 귀신인 '살'을 풀기 위해 추었던 춤인 살풀이 말이다. 때때로 나는 내가 하는 의식이 무당들의 굿과 닮았다고 느낀다. 살아가며 겪는 고통을 해소하고 죽어가는 것을 살리기 위한 굿. 다른 점이 있다면 나는 다른 누군가의 영혼이 아닌 나의 영혼을 부른다는 것이다. 그리고 온전하게 깨어 있는 의식으로 모든 것을 지켜본다는 것이다. 나는 오늘도 내 안의 신을 부른다. 신은 기다림 끝에 찾아온다. 나는 신이 흐르는 것을 숨죽이고 지켜본다. 몸 안에 막힌 기운을 풀고 탁한 것들을 쫓아내고 자신이 아닌 것이 떨어져 나간 자리에 신은 자기 모습을 온전히 드러낸다. 그리고 말한다. 소리 없이, 장엄하게.

Eu sei que vou te amar

네가 없었으면 난 죽었을 거야. 네가 죽는 날 나도 죽을
거야. 영원히 널 사랑할 거야. 다음 생에서도 널 사랑할
거야. 평생 너를 그릴 거야. 평생 너만 그릴 거야. 내가 하게
될 전시엔 너를 그린 그림만 걸려있을 거야. 너의 얼굴,
너의 몸, 너의 눈. 오직 너로 가득 찰 거야. 전시의 제목은
네 이름이 될 거야. 내 인생은 오직 널 만나기 위한 거였어.
너를 만나 사랑한 것으로 내 인생은 완결된 거야. 이미 내
인생의 목적을 이루었어. 나머지는 보너스인 거야.

　사람들은 말했다. 사랑은 인생의 전부가 아니라고.
영원한 사랑은 없다고. 몸이 멀어지면 맘도 멀어진다고.
헤어졌다가 다시 만나면 똑같은 이유로 다시 헤어진다고.
혼자서도 외롭지 않을 때 누군가를 만나야 한다고. 내가
좋은 사람이 되면 좋은 사람이 나타난다고. 거짓말. 새빨간
거짓말. 사랑에 대해서 들었던 모든 말은 다 거짓이었다.

기억이 존재하는 순간부터 그를 그리워했다. 내 가슴엔
언제나 커다란 구멍 같은 것이 뚫려 있었다. 나는 언제나
외로웠다. 누구와 함께해도 무엇을 해도 채워지지
않는, 가슴을 도려내는 듯한 외로움이었다. 외로움은
그리움이었다. 나는 내가 이생에서 누군가를 만나야 한다는
것을 알고 있었다. 그에게로 가는 길이 가시밭길이라도,
피투성이가 될지라도 온 몸을 던져
그를 찾아내야만 했다. 사춘기가 지날 무렵 잠들기 전엔

늘 붉은 화면이 떠올랐다. 벌거벗은 두 사람이 몸을 포개고 있는 장면이었다. 얼굴은 보이지 않았지만 그들의 온기를 느낄 수 있었다. 밤은 검고 차가웠다. 고등학생이 되어서도 두려움에 벌벌 떨며 낡고 헤진 인형을 오른쪽 겨드랑이에 꼭 끼어야만 잠들 수 있던 나는 그 장면을 떠올리며 평온함을 찾았다.

성인이 되고 세상에 나온 나는 언제나 사랑에 대한 기대감에 가득 차 있었고 쉽게 사랑에 빠졌다. 하지만 언제나 짝사랑에 빠져 허우적댈 뿐이었다. 그는 아름답고 멋진 세상의 사람 같았고 나는 볼품없는 미운 오리 같았다. SNS를 통해 그의 세상을 엿보며 패배감을 느끼는 것이 내가 할 수 있는 전부였다. 하지만 나는 여전히 믿고 있었다. 내가 사랑하고 나를 사랑할 누군가가 분명히 있을 것이었다. 친구조차 사귈 수 없었던 나는 가상의 인물을 만들어냈다. 그리고 언제나 그와 함께 있었다. 밥을 먹을 때에 텅 빈 앞자리에 앉은 그를 보았다. 혼자 찾아간 락 페스티벌에서 그를 느끼며 춤을 추었다. 외로움이라는 시커먼 물이 가슴에서 차오를 때면 그와 나를 생각하며 그림을 그렸다.

빨랫줄에 걸려있는 나를 한 남자가 발견한다. 그는 나를 분해해 축축하게 젖은 심장을 드라이기로 바싹 말린다. 그리고 정성스레 다림질해 다시 인간의 모습으로 재탄생

시킨다. 벌거벗은 두 사람은 따뜻한 햇살 아래에 서 있다.

가장 외롭던 날에 그렸던 만화의 내용이다. 나는 나를
구원할 누군가를 그리고 또 그렸다. 하지만 그는 나타나지
않았다. 기다림에 지친 나는 미쳐버렸다. 미쳤던 날들의
나는 늘 어디론가 가고 있었다. 엉키고 흐려진 기억 속의
나는 어딘지도 모르는 낯선 도시의 버스터미널, 길 위에 서
있었다. 그곳에서 계속 전화를 걸었다. 누구에게나 전화를
걸어 죽고 싶다고 말했다. 하얗고 깨끗하고 따뜻한 호텔 방
같은 곳을 찾고 있었다. 누구도 이해할 수 없는 나의 병이
따라오지 않을 무균지대를 찾아내야만 했다. '치유' '자살'
'우울증' 같은 키워드로 검색하면 나오는 장소들이 있었고,
무작정 그곳으로 찾아갔다. 하지만 어디에도 죽음을 꿈꾸며
죽음을 두려워하는 이 몸뚱이를 누일 안식처는 없었다.

제주의 게스트하우스에 머물던 어느 겨울, 한 여행자가
어디론가 걸어가는 그림이 그려진 엽서에 편지를 썼다.
'여긴 눈이 많이 내렸어요. 난로 위에선 귤이 익는 냄새가
나요. 당신이 제게로 걸어오고 있음을 알아요. 저도
당신에게 가고 있어요. 그러니까 힘들어도 포기하지 말고
계속 걸어요. 우린 서로를 알아볼 거예요. 그리고 꼭 껴안을
거예요.'
    그 시절 자주 듣던 이상은의 노래 '삶은 여행'의

노랫말에 '인어의 걸음처럼 아렸다'라는 말이 있다. 스스로 치유를 결심하고 나아가는 한 걸음 한 걸음이 그랬다. 그 더딘 발걸음을 내딛게 하는 유일한 이유는 이 길 위에서 우리가 만날 거라는 것뿐이었다. 네가 나에게 오고 있음을 알기에 나도 너를 향해 걸어갔다. 조금이라도 마음이 생기는 상대가 있으면 무조건 고백을 했다. 하지만 내가 던진 뜨거운 마음에 돌아오는 건 외면 뿐이었다. 혼자서도 외롭지 않을 때 누군가를 만나야 한다는 말을 애써 믿어보려고도 했다. 하지만 더 이상 버틸 수 없었다. 나 자신에게 솔직해지기로 했다. 이번엔 신에게 편지를 썼다. 나는 혼자서 외롭지 않을 자신이 없어! 내 몸과 영혼을 나눌 수 있는 사람을 내놔! 신이 있다면 그걸 증명해 보라고!

그리고 며칠 뒤에 그가 나타났다. 그를 만났을 때 나의 영혼은 알았다. '그는 나를 절대 놓지 않을 거야.' 영혼은 그를 사랑해야만 한다고 말했다. 그는 정말 나를 놓지 않았다. 여전히 미쳤던 시절의 그림자를 벗지 못한 나는 아주 많이 괴로워했다. 그는 밤마다 몇 시간이고 나의 전화를 받아주었다. 분노에 가득 차서 길거리에서 소리를 지르고 바닥을 구르는 나를 일으켜 세웠다. 못된 습관을 버리지 못하고 죽고 싶다며 제 목을 조르는 여자를 안아주었다.

"왜 나를 떠나지 않아?" 그는 말했다. "내가 떠나면 네가 죽을까 봐."
 누군가는 그게 연민이지 사랑이냐고 말했다.
하지만 그의 지독한 연민이 나를 살렸다. 나는 그에게
용서받음으로써 나의 과거를 용서할 수 있었다. 그에게
안기고 또 안기며 그 따뜻함 속에서 사랑이 무엇인지
처음으로 배웠다.

그가 나를 보고 있다. 눈물이 가득 차 흐려진 눈앞에 그의
웃는 얼굴이 보인다. 그가 보고 있다는 것만으로 안심이
된다. 그는 내가 슬퍼서 우는지 기뻐서 우는지 다 안다. 우는
걸 봐주는 사람이 있어서 맘껏 울 수 있었고, 실컷 울고
나니 웃을 수 있게 되었다. 누군가를 붙잡아야만 일어설
수 있을 때가 있다. 누군가가 나를 보고 있다는 것이 삶의
이유가 되기도 한다. 사랑을 찾아내야만 하는 사람이 있다.

당신을 사랑하리란 걸 알아요. 내 평생 동안
　모든 이별의 순간마저 필사적으로 사랑하겠죠
　내가 울게 될 거란 걸 알아요. 당신의 부재가 날 울게 만들겠지만
　당신이 돌아올 때쯤 부재의 의미조차 잊게 되겠죠
　내가 고통받으리라는 걸 알아요. 영원한 기다림의 운명 속에서 언제나 함께하기 위해
　하지만 당신을 위한 구절은 오직 내가 당신을
사랑하리란 거에요.

‹Eu sei que vou te amar – caetano veloso›

식기 전에

비가 와서인지 온종일 몸이 찌뿌둥하고 피곤했다. 잠시
낮잠이라도 잘까 해서 누웠다가 마음을 바꾼다. 그냥
누워서 자는 것보다 요가를 하며 몸과 마음을 풀어주는 게
더 나을 것 같아서다. 한 동작 한 동작 몸을 느끼며 충분히
머무른다. 개운한 느낌과 함께 생명 에너지가 차오르는
걸 느낀다. 모든 동작을 마치고 잠시 앉아서 눈을 감았다.
가슴에 손을 얹고 요즘 내가 가진 고민에 대한 답을
달라고 부탁한다. 빙글빙글 몸속에서 유영하듯 부드럽게
움직이는 에너지에 주의를 기울이니 갑자기 목뒤 쪽에서
강렬한 전파가 흐르기 시작했다. 견디기 힘들 정도로 강한
에너지에 온몸이 부르르 떨렸다. '친구에게 전화를 걸어야
해.' 문득 그런 생각이 들었다. 평소에 나는 그 누구에게도
전화를 걸지 않는다. 정말 누군가와 대화가 하고 싶어서
휴대폰 연락처를 열었다가도 '애랑 별로 친하지도 않잖아.
내 얘길 들어주고 싶지 않을 거야.' 같은 생각에 용기를
내지 못한다. 하지만 오늘은 충동을 따라 보기로 한다.
따르지 않을 수 없다는 말이 더 맞을 것이다. 두 친구의
이름이 떠올랐고 더 강한 끌림을 주는 한 친구에게 전화를
걸었다. 그 친구에게서 내가 찾는 답을 들을 수 있을 거란
느낌이 들었기 때문이다. 나는 그 답을 듣기 위해 그저
귀를 기울였다. 정말 신기하게도 친구는 나와 비슷한
상황에서 같은 고민을 하고 있었다. 그녀는 자신에 대해
말하면서 문제를 어떻게 풀어야 할지 스스로 찾아갔다.

그녀의 말 안에 내가 찾아 헤매던 답이 있었다. 서로가 충만해지는 만족스러운 대화였다. 우리는 종종 연락하며 서로를 응원하기로 했고 가을에 만날 것을 약속했다. 나는 나보다 큰 존재, 우리가 신 혹은 우주라 부르는 존재와 깊이 연결되어 있음을 느꼈다. 내가 허공에 던진 말을 들어주는 존재가 분명히 있고, 그가 친구의 입을 빌려 내게 응답한 것이다. 요즘 들어 부쩍 이런 경험을 많이 하고 있다. 강렬한 충동으로 전화를 걸고 친구의 말에서 내가 가야 할 길을 발견하고 다음 스텝을 어떻게 밟아야 할지를 알게 되는 것이다.

'충동'의 사전적 정의는 '순간적으로 어떤 행동을 하고 싶은 욕구를 느끼게 하는 마음속의 자극'이다. 우리는 오랫동안 충동적으로 행동하는 것은 잘못되었다고 배워왔다. 심사숙고하고 돌다리도 두들겨보며 상처받거나 잘못될 가능성을 최소화하는 방향으로 행동해야 한다고 배웠다. 하지만 너무 오랜 생각은 행동의 힘을 잃게 한다. 이성적이고 절제력이 강한 우리는 행동하는 법을 잊어버렸다. 누군가가 보고 싶어도 전화를 걸지 못하고 사랑하는 사람이 있어도 말을 하지 못한다. 섣불리 행동했다가 상처받고 아플까 봐 애써 적어본 몇 글자를 썼다 지웠다 결국 지워버린다. 턱 끝까지 차오른 말을 삼키고 두근대는 심장에 압박붕대를 동여맨다. 무엇이 될 수 있었던 마음은 아무것도 되지 못한 채 세상에서 사라져 버린다. 날뛰던 심장은 점점 느려지고 결국 멈춰버린다.

억누를 때마다 나는 죽었다. 차가워질 때마다 나는 작아졌고 결국 사라져 버리고 말았다. 상처받지 않기 위해 뱉어 내지 못한 말과 전해지지 않은 마음이 내 안에서 썩어갔고 독이 되어 나를 죽였다. 다시 태어나 새롭게 얻은 삶에서 나는 충동적으로 행동하기 시작했다. 좋아하는 마음이 조금이라도 들면 그 마음을 전했다. 처음 만난 날이라 할지라도, 그를 잘 모른다고 할지라도 상관없었다. 중요한 건 내 안에서 생긴 뜨거운 마음을 전달하는 것뿐이었다. 게스트하우스에 찾은 남자 손님의 객실 문틈에 '아쿠아리움에 같이 갈래요?'라며 전화번호를 적은 쪽지를 끼워 놓았다. 이 미친 행동의 결과가 어떨 것인가 심장이 너무 뛰어서 터져버릴 것 같았다. 우리는 함께 아쿠아리움에 갔다. 그에게서는 은은하고 부드러운 향수 냄새가 났다. 조말론이라고 했다. 알고 보니 그는 게이였고 우리는 중국집에서 짜장면을 먹고 헤어졌다. 가슴이 아팠지만 그 이후로도 마음에 드는 사람이 생기면 계속해서 마음을 전했다. 누군가는 고맙다며 친절한 거절을 했고 누군가는 낯선 접근방식에 놀라 달아났다. 어떤 방식이든 거절은 언제나 씁쓸하고 아린 마음을 남겼다. 하지만 아무것도 일어나지 않는 무미건조한 삶보다는 이게 낫다는 생각이 들었다. 적어도 이 마음은 전해졌고, '어떤 이상한 애가 고백을 하더라'며 그의 삶에 소소한 이벤트가 되었을 것이다. 때로는 내가 누군가가 사랑에 빠질 만한 멋진 사람이라는 사실이 위로가 되기도 하지 않나. 어쨌든, 나에게서 생겨난 이 마음을 세상에 낳고, 그 마음이 날개를 펼치고 가야 할 길을 가게 하는 게 나의 몫이었다. 행동하기 시작하니 나의 삶이 다채로워졌다. 내가 점점 더 확장되어 갔다.

영화에 나오는 설레는 사건이 왜 나에겐 일어나지 않지? 이유는 하나뿐이다. 내가 그들처럼 행동하지 않기 때문이다. '충동적인 마음일 뿐이야.'라고 억누른 마음이 나의 인생을 송두리째 바꿔줄 어떤 멋진 사건을 일어나게 한다면? 정말 이루고 싶은 꿈을 이루게 하고 평생 그려온 사랑을 만나게 해준다면? 어쩌면 우리는 행동하지 않음으로써 많은 것을 잃고 있는지도 모른다. 행동할수록 더 많이 거절당하고 좌절하게 될 것이다. 하지만 내가 경험한 바로는 내가 원했던 모든 일은 충동에 따라 행동한 끝에 이루어졌다. 터무니없어 보이는 일은 터무니없어 보이는 행동을 통해 가능해진다. 카페 옆 테이블에 앉은 사람에게 말을 걸고, 몇 년 동안 연락 없이 지내던 친구에게 연락을 해보라. 마음에 드는 사람에게 '당신 참 멋져요.'라고 말해보라. 기대했던 멋진 일이 일어나지 않을 수도 있다. 하지만 적어도 당신의 오늘이 조금 더

특별해지고 당신의 인생에 얘기할 거리가 생길 것이다. 식기 전에 행동하라. 당신 안에서 터져 나오는 에너지는 꽃을 피우려 한다.

꿈

여신이시여, 당신이 제 안에 계심을 믿습니다.
제가 당신 임을 믿습니다.
당신의 아름다움을 비추는 거울이
당신의 자유로움이 흐르는 강물이
당신의 창조성이 샘솟는 우물이
당신의 사랑과 풍요로움이 가득한 바구니가 되도록
도와주십시오.

어느 날 기도가 흘러나왔다. 빛으로 향해 걸어가는 매 순간,
이 기도를 읊조렸다. 한 마디를 외울 때마다 머릿속에서는
이미지가 그려졌다. 반짝이는 은빛 거울과 거침없이 흐르는
강물. 맑은 물이 퐁퐁 솟아나는 우물, 먹음직스러운 과일이
넘치게 담긴 바구니. 나는 새롭게 얻은 이 삶에서 여신이
되고 싶었다. 여신이 가진 모든 것의 통로가 되고 싶었다.
기도는 현실이 되었다. 바랬던 모든 것이 이루어졌을 때
기도는 멈추었다. 이루어지지 않을 것만 같은 과분한 꿈을
감히 소리 내어 말해보았다. 내 안에서 떠오른 이미지를
놓치지 않고 붙잡았다. 공책 위에 내가 본 이미지를 그렸다.
그리고 그 그림 속으로 걸어 들어갔다.

같은 꿈을 꾸는 사람은 없다. 겉으로는 같은 것을 원하는
것처럼 보여도 깊이 들여다보면 각자가 그리는 꿈의 모습은
천차만별이다. 진짜 꿈은 밖에서 오지 않고 안에서 나온다.

신은 각자에게 꿈의 그림을 심어 두었고, 그 그림을 현실에 창조하는 것이 이생에서 부여된 미션이다. 신은 이루어지지 않을 꿈을 주지 않았다. 신은 모든 곳에 힌트를 숨겨놓았고, 내가 걷는 모든 길 위에 꿈으로 가는 표지판을 세워 두었다. 카페에서 만난 낯선 이와의 대화, 길거리에 붙은 전단지, 인스타그램의 릴스. 감각을 닫고 있을 때 스치고 지나갔던 모든 것들이 사실은 신이 보내는 메시지였다. 몸이 깨어나고 느낌에 마음을 열고 난 뒤 메시지들이 보이고 들렸다. 삶은 보물찾기 같은 것이었다. 어쩌면 운명이란 것은 존재한다. 신은 이미 답을 주었다. 주어진 답을 향해 가는 것이 인생인지도 모른다. 신이 심어준 씨앗을 발견하고 그가 나를 통해 실현하려는 것의 통로가 될 때 나는 살아있는 신이 된다. 통로가 열리면 내가 받게 될 것을 보게 된다. 나는 받기로 되어 있는 것을 욕망한다. 이때 욕망은 애씀과 조급함이 없는 순수한 기다림으로 변한다. 역설적으로 이미 '정해진 운명'을 '창조'하는 삶을 살게 된다. 신이 준 꿈을 찾아가는 길은 세상에서 말하는 성공적인 삶과 다를지도 모른다. 하지만 그것은 영혼의 길이다. 그 길 위에 있을 때 우리는 있어야 할 곳에 있다는 느낌을 받는다. 그 길 위에서 우리는 언제나 인도받는다. 무엇을 해야 할 지 고민하는 혼란이 사라진다. 필요한 모든 것은 주어질 것이며 그것을 받기만 하면 된다. 모든 것을 주는 신의 손에 입을 맞추며 우리는 진정한 풍요란 무엇인지 알게 된다. 풍요는 갓 태어난 아이에게 주어지는 돌봄의 손길이며 작은 표정 하나에도 주어지는 찬사 같은 것이다. 절묘한 타이밍에 필요한 모든 것이 주어지며 신의 그림이 완성되는 것을 볼 때마다 영혼은 깊은 감동을 느낀다. 그리고 절로 눈을 감고 감사의 기도를 올리게 된다. '모든 것을 주서서 감사합니다.' 신은 언제나 모든 것을 주었다.

회전이 가르쳐준 것

나는 돌았다. 에너지를 느끼며 몸을 움직일 때마다 춤은 항상 회전으로 귀결되었다. 처음엔 아무리 돌아도 어지럽지 않다는 것이 신기했다. 팽이처럼 핑핑 도는 게 재밌기도 했다. 하지만 계속 돌기만 하다 보니 궁금증이 생겼다. 나에게 일어난 기이한 현상이 무엇인지 알아내고 싶었다. 요가나 명상 수련을 가르치는 사람을 만날 때마다 회전에 대한 질문을 했다.

"상상으로 지어내는 거 아닐까요?" 요가원을 운영하는 중년의 남자는 미심쩍은 눈초리로 물었다. 배운 것도 없는 어린 여자애가 수천 시간을 이수해야 하는 자격증을 딴 사람도 느끼기 어려운 에너지를 느낀다니 믿기 어렵다는 눈치다. "수련을 오래 하셨나 보군요. 기 춤이라는 건데 계속하면 몸이 유연해지니 열심히 하세요." 다른 요가원에서 만난 할아버지 선생님은 요가 수련 후 에너지를 느끼며 몸을 움직이는 걸 보더니 다른 말을 한다. 믿어준다는 것만으로도 감사했지만 내가 찾던 답은 아니었다. 의미 없는 반복처럼 느껴지는 이 회전이 대체 무엇인지 느낌표를 던져 줄 이를 찾고 싶었다. 누군가는 움직이면서 명상한다는 건 들어본 적도 없다고 했고, 누군가는 귀신에 씐 거라며 조심하라고 했다. 가족이나 친구들에게 얘기했다간 미친 사람 취급을 당할까? 나는 침묵을 선택했다. 그러다 한 명상 단체에서 주관한 명상 음악회에 가게 되었다. 음악회가 끝날 무렵 외국에서 초청된 명상가에게 질문할 기회가 있었다. 그녀는 말했다.
"회전은 중심으로 향하는 것입니다. 화살은 회전하면서
과녁의 중심을 향합니다." 그때의 나에게 그 말은 해석하기
어려운 시처럼 들렸다.

한창 춤에 빠져 있던 나는 서울 곳곳에서 열리는 현대무용
워크숍에 참여했다. 겁 없이 전문 무용수들을 위한
워크숍에 발을 들였다가 뭐 하나 제대로 따라 하지 못해
망신당하기도 했다. 하지만 나는 꿋꿋하게 내가 출 수 있는
춤을 췄다. 그렇게 이곳저곳을 들쑤시며 다니다 보니 나를
무시하는 안무가들과 조금 다른 안무가를 만나게 되었다.
그녀는 '여성의 몸'에 대해 탐구하는 워크숍을 열었다.
그 워크숍엔 일반인과 무용수의 구분이 없었다. 그곳에서
만난 우리는 태초의 여성으로 돌아간 듯 춤을 췄고, 연약한
곳을 드러내며 함께 울었다. 마법 같은 시간이었다. 어떤
춤을 춰야 할지 정해져 있지 않았기에 나는 그곳에서
마음껏 돌 수 있었다. 그녀는 모든 것을 찬찬하게 바라볼
뿐이었다. 그녀에게 내게 일어난 현상을 고백했다. 그녀는
아무런 판단 없이 말했다. "계속 돌아보세요. 돌다 보면
알게 되지 않을까요?" 가장 필요한 답이었다. 그 이후로 더
이상 남에게 묻지 않았다. 거실에서, 텅 빈 공원에서, 무대
위에서…. 춤을 출 수 있는 곳 어디서나 돌고 또 돌았다.
그녀의 말대로 돌다 보니 알게 되었다. 언제인지도 모르게

모든 답이 스스로 찾아와 스며들었다. 이해할 수 없던 명상가의 말이 무슨 뜻인지 알게 되었다. 나는 회전을 통해 나의 중심으로 향했고, 그곳에서 모든 답을 듣게 되었다. 회전은 그 자체로 나를 치유하는 도구였으며 동시에 삶에 대한 은유였다. 회전이 내게 가르쳐준 것을 여기에 나눈다.

첫째. 무엇을 느끼려는 의도를 갖지 않고 느껴지는 것을 있는 그대로 느낀다.

    삶을 계획하지 말고 '살아지는 대로 산다.' 우주는 우리가 계획한 것보다 더 크고 좋은 것을 준다. 계획과 다르다고 놀라지 말고 삶이 주는 것을 허용한다.

둘째. 에너지가 찾아왔을 때 두렵다고 멈추지 말고 에너지가 흐르도록 한다. 고통이 느껴질 때 피하려 하지 말고 느낌 속으로 깊이 들어간다.

    삶에서 찾아온 것이 두려움과 고통을 줄지라도 그것을 피해 달아나려 하지 말고 그 경험이 주는 느낌을 온전히 느끼며 나아간다.

셋째. 회전이 일어나면 주변 세상은 뿌옇고 흐리게 사라지고 중심에 나만이 선명하게 남는다. 세상은 나를 축으로 하여 돈다. 나는 세상을 움직이는 창조자로서 거침없이 돈다. 웃음이 터져 나온다.

혼란스러운 상황, 어려운 관계 등 외부적인 것들이 나를 흔들 수 없다. 나는 피해자가 될 수 없다. 내 안에는 그 무엇도 상처 입힐 수 없는 고요하고 평화로운 공간이 있다. 다른 사람을 향하는 원망과 미움을 거두고 내 안에 있는 안식처로 돌아와야 한다. 나를 아프게 한 과거의 기억을 지울 수는 없다. 그러나 상처 속에 머물지 나아갈지 선택할 수 있는 사람은 나다. 뒤돌아보지 말고 앞으로 나아가며 신과 함께 창조하라. 신이 그린 설계도를 훔쳐보며 현실 속에 그 집을 지으라. 그 안에서 환희를 느낄 것이다. 환희가 치유의 열쇠다. 영혼이 기뻐하는 순간을 창조하고 지금, 이 순간을 온전히 누릴 때 과거는 의미를 잃는다. 누군가를 용서하려 애쓰지 않아도 된다. 살아있다는 기쁨 속에서 자신을 사랑하게 되면 당신은 모두를 사랑하게 된다.

넷째. 나의 생각이 아니라 에너지의 흐름에 따라 움직이면 모든 막힌 것들이 저절로 풀린다. 몸의 통증이 사라지고 가슴을 답답하게 하던 문제의 답이 저절로 찾아온다.
 '순리대로' 나에게 찾아오는 것들을 따라가며 살아갈 때, 내가 진정으로 원하는 모든 것들을 받게 된다. 필요한 모든 것은 채워지고, 알아야 할 것들을 알게 된다.

다섯째. 회전이 끝나면 멈춘다. 무엇을 더 하려고 하지 말고 그냥 멈춘다.

인연이 끝나면 뒤돌아보지 말고 앞으로 가야 한다.
우주는 당신의 빈 손 위에 또 다른 선물을 건넬 것이다.

뒤돌아보지 마

"지상의 빛을 보기 전엔 뒤를 돌아보지 마라." 죽은 아내를 찾아 저승에 온 오르페우스가 아내를 데리고 지상으로 돌아갈 때 하계의 신 하데스는 경고했다. 어쩌면 그 경고는 살아서 지옥을 엿본 모든 이들에게 주어진 것일지도 모른다. 내가 본 것은 지옥이었다. 어둡고 춥고 황량한 죽음의 세계. 그 어디에서도 온기를 찾을 수 없는, 아름답고 사랑스러운 것이 전멸한 세상이었다. 그곳을 빠져나오기 위해선 저 멀리에 보일 듯 말 듯한 한 줄기 빛만을 바라봐야 했다. '살아야 해.'라는 작은 목소리를 들으며 앞으로만 걸어야 했다. 지상으로 가는 길은 멀게만 보였다. 나는 그 길에서 만난 사람들에게 내가 겪은 일을 말하고 싶었다. 내가 얼마나 고통스러웠는지 털어놓고 위로의 말이라도 들어야 살 것 같았다. 눈물을 뚝뚝 흘리며 나의 이야기를 하면 연민의 시선을 받을 수 있었다. 나는 완벽한 피해자였다. 그래야만 했다. 못된 운명에 휩쓸려 만신창이가 된 불쌍한 사람이어야 했다. 대체 왜 그런 일을 겪었냐고 묻는다면 준비된 레퍼토리가 있었다. 폭력적인 아버지, 부모님의 잦은 다툼, 외롭기만 했던 어린 시절. 흔하디 흔한 스토리 말이다. 상처는 나의 무기였다. 나는 그 안에 숨었다. 내가 나약한 사람이 된 것도, 꿈꾸는 멋진 삶을 이루지 못한 것도 다 그 상처 때문이었다. 정신적인 고통을 치유하는 길에서 누구나 '내면 아이 치유'라는 개념을 만나게 된다. 우리 안에 상처 입은 어린아이가 있고, 어른이 된 우리는 과거의 기억 속에서 울고 있는 아이를 찾아내 위로하고 안아주어야 한다는 것이다. 내 안에도 그런 어린아이가 있는 것 같았다. 날아오는 손을 피해 도망치지 못했던, 책상 밑에 숨어 귀를 막던 아이 말이다. 한동안 나는 그 아이를 기억 속에서 구출해내려 애썼다. 하지만 과거를 다시 불러낼 때마다 나는 다시 어둠을 보게 되었다. 기억은 부풀려지고 과장되어 더 큰 고통으로 다가왔다. 아. 불쌍한 나의 어린 시절이여. 나는 그 아이에게 편지를 썼다. 나에게 상처를 준 사람들 모두를 욕하는 말을 연습장 한가득 적어보기도 했다. 그러면서 울거나 소리를 지르면 속이 시원해졌다. 하지만 그 아이는 사라지지 않았다. 힘든 상황이 찾아올 때마다 나는 그 아이를 불러냈다. 그 아이는 언제나 소중한 핑계거리가 되어주었다.

"세상에 상처 없는 사람은 없어. 징징대는 소리 그만해. 그런 말을 계속 듣고 싶어 할 사람은 아무도 없어." 제주의 게스트하우스에서 흔히 있던 술자리에서 만난 그녀가 부산 사투리가 섞인 말투로 나를 쏘아보며 하는 말에 충격을 받았다. 처음으로 이 말을 들었을 땐 너무하다는 생각이 들었다. 하지만 그 말은 나의 진실을 건드렸다. 보고 싶지 않았던 진실을 보기로 했다. 나는 동정과 위로를 받으며 약자의 위치에 머물고 싶었다. 앞으로 나아가는 게 두려우니 상처라는 허울 속에 숨어 과거에 머무르고만 싶었다. 하지만 이제는 탈피해야 할 때였다. 새벽이 오면

어둠은 말없이 밝아온다. 나는 말없이 빛을 향해 앞으로
나아가야 했다.

빨간색에 흰색을 섞어 딸기 우윳빛 분홍색 물감을 잔뜩
만들었다. 검은색으로 그린 밑그림에 분홍을 덧칠했다.
여러 겹 덧칠한 캔버스는 온전히 분홍색으로 물들었다.
이것은 하나의 의식이었다. 나는 잊을 수 없는 검은 기억
위에 분홍을 덧칠하며 나의 삶이 사랑스러운 분홍빛으로
바뀌기를 기도했다. 한동안 골목 끝에 숨어있는 작은
화실에 다니며 계속 그림을 그렸다. 어린 시절에 빈 종이를
바라보면 보이지 않지만 보이는 그림이 있었다. 나는 그걸
보고 따라 그리기만 하면 되었다. 내가 그림을 그리는 게
아니라 이미 그려져 있는 그림을 찾아내는 것이다. 종이
위에서 어떤 형태가 흐릿하게 떠오르며 내게 손짓하면
나는 그것을 그저 따라 그렸다. 그날도 마찬가지였다.
보이는 것을 따라 그리다 보니 잎이 하나도 없는 나무들이
서 있는 숲이 그려졌다. 그림 한 가운데에는 마주 보고
있는 벌거벗은 두 여자가 나타났고, 정령처럼 보이는 작은
남자가 숲속에 숨어있었다. 나는 오로지 검은 연필 하나로
선을 그리고 면을 채워 나갔다. 아크릴 물감으로 거칠게
붓질을 하는 것을 좋아하던 내가 나도 모르게 세밀하고
부드러운 선으로 그림을 완성해 나갔다. 가는 선이
반복적으로 그어지며 오로지 숨 쉬고 손을 놀리는 나만이

남아있던 순간, 나는 내가 아니라 공간 전체가 되어있었다.
아니 공간을 넘어 우주가 되어있었다. 그 순간 `나는 내가
누구인지 알고 있다.`라는 말이 가슴에 쓰였다. 그 고요한
순간 속에 강렬하게 다가온 한 마디는 내게 느낌으로 모든
것을 전하려 하고 있었다. `나는 나보다 더 큰 존재이며,
원대하고 강한 존재이다.` `나는 우주 그 자체이다.`

내 안에 있는 것은 상처 입은 어린아이가 아니었다. 그
아이는 내 생각 속에 존재할 뿐이었다. 지금 살아 있는
내 몸 안에서 나와 함께하고 있는 존재는 아주 지혜롭고
강한 신과 같은 존재였다. 그는 이렇게 말하는 듯했다.
'우는 소리 집어치워! 네가 얼마나 크고 강한 존재라는
걸 기억해! 너는 뭐든지 할 수 있어! 네가 해야 할 일을
하라고!"그 존재는 환희의 순간마다 함께했다. 내가 삶의
기쁨을 온몸으로 느낄 때 그도 함께 웃었다. 그는 눈치를
볼 줄 몰랐다. 한 번 웃으면 온 세상이 떠나가라 크게 소리
내 웃었다. 그는 내가 진정으로 원하는 것을 이뤄낼 때마다
함께 울었다. 사람들이 보든지 말든지 상관없다는 듯
길거리에서 꺽꺽 짐승처럼 소리 내 울었다. 요가 수련을
마치고 고요한 상태로 깊은 내면으로 들어갈 때도 그를
만날 수 있었다. 그는 기쁨으로 가득 차 미소 짓고 있었다.
내 안에 있는 존재는 순수하고 거침없는 아이였으며,
자비로운 어머니였고, 모든 것을 알고 있는 신이었다.

내가 해야 할 일은 기억 속에서 울고 있는 아이를 꺼안는
게 아니었다. 아픈 건 아픈 것이고 나쁜 건 나쁜 것이다.
아프고 힘들었던 사실을 없앨 수 없고, 나를 괴롭게 한
사람을 용서할 필요도 없다. 중요한 건 과거는 여기에
없다는 것이다. 상처 입은 나도 여기에 없고 상처를 준
사람도 여기에 없다. 상처도 여기에 없다. 치유의 핵심은
지금, 이 순간 내 몸을 통해 존재하는 원대한 존재와
접속하는 것이다. 떠내도 떠내도 넘쳐흐르는 맑은 샘,
기쁨의 원천이 그곳에 있다. 그곳에서 길어낸 물로 과거를
씻어내고, 마음껏 웃고 울며 생생하게 살아가야 한다.
기억이란 우습다. 즐겁게 살다 보니 잊고 있던 좋은 일들이
떠오른다. 나쁜 것만 기억하려 애쓰느라 잊어버렸던
사랑받은 기억이 다시 살아난다. 더 이상 과거를 캐묻지
말자. 지금 내 안에 살아있는 존재가 누구인지 알고,
그가 살아내려 하는 삶의 통로가 되면 된다. 그는 언제나
우리를 기쁨으로 인도하고 있다.

취약한 영웅

나는 치유되었다. 그리고 영원히 고통 없이 살게 되었다.
이 문장으로 책을 끝마칠 수 있다면 얼마나 좋을까. 수많은
현자들처럼 완전무결한 존재로서 고통을 종식하는 해탈을
말할 수 있다면. 사람 좋은 웃음을 지으며 불안과 두려움도
없고 헛된 욕심도 없는 삶이 가능하다는 희망을 줄 수
있다면 얼마나 좋을까. 그러나 신은 다시 태어난 내게
가슴에 구멍이 난 갑옷을 주었다. 나는 보이지 않는 화살을
맞으며 수없이 쓰러졌다.

나는 뉴스를 볼 수 없게 되었다. 잔혹하고 무자비한 범죄와
수많은 생명이 죽어 나가는 전쟁 같은 것들을 다루는
뉴스를 볼 때면 숨 쉬는 게 힘들 정도였다. 식당이나 택시
안에서 뉴스를 틀어 놓기라도 하면 눈을 감고 손가락으로
귀를 꼭 막았다. 다른 사람들에겐 아무렇지도 않은 세상의
이야기들이 내게는 너무 고통스러웠다. 사소한 잡담
속에서 듣게 되는 유명인의 죽음도 그저 스쳐 지나갈 수
없었다. 타인의 고통이 내 안에 잠재워둔 끔찍한 괴물을
깨울 것만 같았다. 악몽은 계속되었다. 꿈속에서 아빠는
폭력을 휘둘렀고 엄마는 화난 얼굴로 소리를 쳤다. 나는
폭격을 피해 달아났고, 전쟁포로가 되어 끝이 보이지
않는 행렬 속에 떠밀려갔다. 무서운 얼굴의 남자, 짓궂은
어린아이들이 끊임없이 대문을 두들겨 댔다. 아무리
도망치고 막으려 애써도 사나운 것들이 나의 세계를

침범했다. 악- 소리를 지르며 눈을 뜨고 더듬더듬 사랑하는 이의 팔을 붙잡았다. 잠을 자고 싶지 않았다. 통제할 수 없는 무의식 속에 떨어지는 것이 두려웠다. 눈을 뜨면 보이는 세계는 빛의 세계였다. 아름다운 계절이 변해가고 사랑하는 이의 온기가 나를 감싸 안았다. 하지만 내 안에는 여전히 기괴하고 뒤틀린 어둠의 세계가 있는 듯했다. 머리를 세차게 흔들어 꿈을 털어내고 현실을 보려고 애썼다. 그토록 찾아 헤매던 아늑한 집이 있고 사랑하는 사람도 있다. 나는 내가 원하는 삶을 창조하며 살아가고 있다. 나는 이제 빛의 세계에 속해 있다. 그러나 가끔 꿈속의 어둠이 현실이 되기도 했다. 생각에 사로잡혀 두려움과 분노와 같은 강렬한 감정에 지배될 때, 세상은 다시 어두워졌다. 나는 소리 지르며 울고 있었다. 뱃가죽을 박박 긁는 듯한 소리로 악에 받쳐 울부짖던 엄마의 목소리가 내게서 들렸다. 다시는 돌아가고 싶지 않은 과거의 어느 순간을 스스로 연출했다는 사실이 너무 부끄러워 죽고 싶었다. '망쳤어.' 애써 찾은 행복을 내가 망쳤다는 생각이 들면 퓨즈가 나가버렸다. 나는 정신줄을 놓고 더 파괴적인 행동을 했다.

전쟁이 끝나고 정신이 들면 가슴이 쓰라리게 아팠다. 가슴에 꽂힌 화살을 뽑으며 신에게 기도했다. '신이시여. 제발 저를 살려주세요. 제가 사랑하는 것들을 망치지 않도록 붙잡아주세요. 다시는 과거로 돌아가지 않을 방법을 알려주세요.' 눈을 감고 몸속의 감각에 집중하니 목뒤 쪽에서 찌릿한 에너지가 흘렀다. '용서하고 사랑해.' 신이 말했다. 분명하게 들을 수 있었다. 몸이 저절로 앞으로 숙여졌고 나는 신 앞에 엎드렸다. 부드럽고 따뜻한 공기가 나를 감쌌다. 엄마의 무릎에 누워 귀를 팔 때처럼 편안한 기분이 들었다. 오랜만에 느끼는 완전한 이완의 상태였다. 용서하고 사랑하라. 그 한 마디에 잘못을 되새김질하며 고통을 키우던 머리가 작동을 멈추었다. 다시는 바보 같은 짓을 하며 과거를 현실로 데려오고 싶지 않았다. 그러기 위해서 해야 할 것이 내가 나를 용서하고 깊이 사랑하는 것이었다. 아무리 애써도 이해할 수 없던 것이 저절로 받아들여졌다. 신이 알려준 용서와 사랑은 무조건적이었다. 처음부터 잘못은 없었다. 내가 나를 용서하고 사랑하기를 선택하는 순간 과거는 완전히 사라진다. 그리고 나는 지금 이곳에서 새로운 삶을 창조할 힘을 얻는다.

그날 밤 잠자리에 누웠을 때 가슴에서 부르르 떨리는 진동을 느꼈다. 가슴에 새살이 돋는 듯했다. 꿈을 꿨다. 한 번도 본 적 없는 세계에서 얼굴을 모르는 여자들, 남자들과 손을 잡고 정신없이 춤을 추고 있었다. 장면이 바뀌고 나는 또 끔찍하고 어두운 세계에 서 있었다. 커다랗고 오래된 축사 같은 곳이었고 소름 끼치는 한기가 느껴졌다. 건물 안에는 거대하고 뻥 뚫린 문틀 같은 것이 세워져 있었다. 그 문은 도살장으로 가는 문 혹은 지옥의 입구처럼 보였다. 여기에 계속 있다가는 무슨 일이 일어날 것 같았다.

'이건 꿈이야.'

내면에서 작은 소리가 들렸다, 나는 냅다 달리기 시작했다. 검은 오소리가 앞을 가로막고 있었다. 두려움이 찾아왔지만 꿈이니까 죽지 않을 거란 생각을 하며 온 힘을 다해 뛰었다. 그랬더니 갑자기 몸이 하늘로 붕 떠올랐고 해방감을 느끼려던 찰나에 꿈에서 깨어났다. 꿈은 내가 창조한 환영이다. 그것이 환영임을 알아차리는 순간 꿈은 사라진다. 꿈이 줄 수 있는 유일한 교훈은 그것이었다. 나의 삶에서 겪은 어둠도 마찬가지였다. 그것이 내 생각이 창조한 환영임을 알고 벗어나면 그만이었다. 꿈에서 깨어나면 빛의 세계가 펼쳐지듯, 삶 속에서 생각이 창조한 환영을 벗어버릴 때 진정한 삶이 모습을 드러낸다.

봄이 왔다. 죽은 것 같아 보이던 생명들이 다시 번성하는 것을 바라본다. 셀 수 없이 많은 연둣빛 새잎이 햇살을 받아 반짝이고, 생명력으로 가득 찬 나무들이 하늘을 향해 뻗어 나간다. 물감으로 칠한 듯 샛노란 개나리와 은은한 분홍빛으로 물든 진달래, 만개한 벚꽃이 가슴을 설레게 한다. 머리는 까맣고 몸통은 회색에 푸른 빛의 긴 꼬리를 가진 새, 온몸이 주황색인 달걀만큼 작은 새의 오묘한 빛깔을 보며 세상에 존재하는 것들의 경이로움을 느낀다.
죽음 같은 어둠 속에 갇혀 있던 내가 이렇게 다채로운
감각을 느끼며 삶에 감동하고 있다. 살아있길 잘했다.
끝인 줄 알고 죽었으면 이런 세상이 있는 줄 꿈에도
몰랐을 것이다. 죽음을 생각하는 모든 이들이 죽지 말고
살아있기를 진심으로 기도한다. 아무도 없는 곳으로
도망쳐서 숨어 살아도 되니까 제발 죽지는 않았으면
좋겠다. 끝인 줄 알았는데 계속 살아있다 보니 사랑하는
사람도 만났고 한 번도 느껴보지 못했던 기쁨을 알게
되었다. 내 안에서 끊임없이 말을 거는 신과 연결되는 법을
알게 되었고, 언제나 나를 도와주는 커다란 힘을 느끼게
되었다. 신과 연결될수록 나는 평범하고 단순한 하루를
기뻐하게 되었다. 더 이상 대단한 무엇이 될 필요가 없다는
것이 분명해졌기 때문이다. 내 눈 앞에 펼쳐지는 모든 것이
신의 상징이며 내게 들리는 모든 것이 신의 목소리인데
무엇이 더 필요하단 말인가? 나는 살아냈고 나 자신을 구한
영웅이 되었다. 아주 작은 말에도 쉽게 상처받고 새로운
일을 마주할 때마다 두려움에 벌벌 떨지만, 또다시 내 안의
목소리에 귀를 기울이고 앞으로 나아갈 것이다. 내 안에
답이 있으니 두렵고 힘들어도 자신에게 옳은 길을 꿋꿋하게
걸어갈 것이다. 당신이 살아남길 바란다. 가장 평범해
보이는 삶을 살아내면서 은밀한 미소를 짓는 영웅이 되길
바란다. 자연을 보라. 겨울이 지난 봄을 보라. 그들은

죽고 난 뒤 다시 태어난다. 지난 계절을 완전히 잊은 듯 생명력을 폭발하고 찬란한 새봄을 그려낸다. 치유는 회복이 아니라 변성이다.

그리하여 사람은 사랑에 이르다 : 춤·명상·섹스를 통한 몸의 깨달음

2024년 7월 17일 제 1판 1쇄 인쇄
2024년 7월 20일 제 1판 1쇄 발행

지은이 박나은
펴낸이 라성일
편집   이경인
디자인 정지영

출판등록 2022.6.23 (제2022-000073호)
서울시 마포구 서교동 338-1
www.peramica.com
email linolenic@hanmail.net
instagram @publisher_peramica

ISBN 979-11-982195-3-4(13800)

값 17,000원